和2~12岁的孩子谈谈性

【美】罗莉·伯金坎 Lauri Berkenkamp
史蒂夫·阿特金斯 Steven C. Atkins 著

梁田 译

山西出版传媒集团
山西人民出版社

图书在版编目（CIP）数据

和2-12岁的孩子谈谈性：给父母的性教育指导手册 /（美）罗莉·伯金坎，（美）史蒂夫·阿特金斯著；梁田译. -- 太原：山西人民出版社，2021.4
ISBN 978-7-203-11699-8

Ⅰ.①和… Ⅱ.①罗… ②史… ③梁… Ⅲ.①性教育-儿童教育-家庭教育 Ⅳ.① G479 ② G78

中国版本图书馆 CIP 数据核字（2021）第 032217 号

山西省版权局著作权合同登记图字：04-2021-003
TALKING TO YOUR KIDS ABOUT SEX: FROM TODDLERS TO PRETENS: A GO PARENTS!
Copyright 2002 BY NOMAD COMMUNICATIONS
This edition arranged with Nomad Communications &Susan Schulman A Literary Agency
through Big Apple Agency, Inc., Labuan, Malaysia.
Simplified Chinese edition copyright:
2021 Beijing Green Beans Book Co., Ltd.
All rights reserved.

和2-12岁的孩子谈谈性：给父母的性教育指导手册

著　　者：（美）罗莉·伯金坎　（美）史蒂夫·阿特金斯
译　　者：梁　田
责任编辑：李　鑫
复　　审：傅晓红
终　　审：梁晋华
出 版 者：山西出版传媒集团·山西人民出版社
地　　址：太原市建设南路21号
邮　　编：030012
发行营销：0351-4922220　4955996　4956039　4922127（传真）
天猫官网：https://sxrmcbs.tmall.com　电话：0351-4922159
E—mail：sxskcb@163.com　发行部
　　　　　sxskcb@126.com　总编室
网　　址：www.sxskcb

经 销 者：山西出版传媒集团·山西人民出版社
承 印 厂：天津旭丰源印刷有限公司
开　　本：889mm×1194mm　1/32
印　　张：6.25
字　　数：100千字
印　　数：1—10000册
版　　次：2021年4月　第1版
印　　次：2021年4月　第1次印刷
书　　号：ISBN 978-7-203-11699-8
定　　价：42.80元

如有印装质量问题请与本社联系调换

赞誉

很多父母都觉得在日常生活中该跟孩子谈谈性,但是大多数人往往不知从何谈起。看看这本书吧,你一定会得到很多启发。书中的内容通俗易懂、活泼有趣,作者把解决问题的建议、游戏活动和常见问题的答案搭配在一起,帮助父母轻松面对棘手的问题。文中处处可见作者的温情和幽默,既尊重家庭教养方式,也考虑到孩子健康发育成长的需求。在如今这个色情信息泛滥的社会里,孩子们从同伴和媒介传播中获得的信息大多都是错误的,家长们真的很需要这样一本书的帮助!

——玛莎·B.斯特劳斯临床心理学博士

著有《儿童青少年的非语言疗法》(*No-Talk Therapy for Children and Adolescents*)

很高兴自己可以先睹为快,罗莉·伯金坎和史蒂夫·阿特金斯的新作《和2~12岁的孩子谈谈性》真的是我读过相关主题的书中最棒的一本。这本书几乎涵盖了所有孩子们可能期待从父母那里了解到的关于性方面的知识,包括不同年龄孩子的在了解认识这些方面的参照，孩子们的常见问题以及父母可以帮助孩子欣赏尊重和保护自己的身体的特别建议。两位作者都是教育孩子的专家，在书中用提供案例和列出知识点的方式消除父母在处理与性相关的疑问和隔阂的焦虑。

——玛丽·拉米亚博士

迪士尼电台AM1310和AM1470"和玛丽聊天"儿童谈话节目主持人

ACKNOWLEDGEMENTS

致 谢

首先衷心感谢为本书提供各种有趣的真实爆料的朋友和他们的家庭，是你们，成就了这本书。特别感谢莉萨·费根、莱斯利·康诺利、苏珊·黑尔、雷切尔·贝努瓦和安娜·蒂普洛维奇提供的故事、创意、反馈和校订。还要感谢诺梅德出版社鼎力相助的每一位，在这个漫长的写作、编辑和成书过程中他们始终保持着乐观的精神。

我非常钦佩史蒂夫的专业水准和他对咨询者的奉献精神，真高兴有机会能和他一起写就这本书。最后要感谢我亲爱的理查德、萨沙、诺亚和西蒙，感谢你们的好奇心和你们无穷无尽的问题，更感谢你们在妈妈无数次说"孩子们，我正在写的这本书需要你们回答几个问题"时表现出的令人难以置信的耐心……

——罗莉·伯金坎

想对这些年来我所有的小咨询者表达我最深切的谢意。还要感谢我的老师，我从您那里受益匪浅，也感谢您让我分享个人回忆录，使得我在临床实践时医术不断得到完善和进步。您的故事在很多方面都激励我、帮助我更好地成长。

感谢我的朋友们，正是你们这些接受观察的家庭的支持和帮助，本书才得以顺利完成。你们当然知道我在说什么，对吗？还要感谢我的家人，陪我不厌其烦地甄选那些最滑稽、尴尬、具有普遍代表性的问题，并时常给出中肯的评价。孩子们总爱做出惊人之举和说点让大人难以置信的话，正是有了他们，这个世界从此不同。大多数父母在对孩子进行性教育时，都觉得面临着巨大的挑战和压力，让我们感谢亚历克斯和苏珊以及诺梅德出版社的工作人员，让我们有机会通过这样一本书帮助到更多无助的家长。

——史蒂夫·阿特金斯

PREFACE

序 言

在阿特金斯博士的儿童心理临床案例中，通常父母们都非常关注怎样做才能保护孩子不受来自各种媒介和其他渠道混乱的关于性的信息的侵扰。在成人世界中，我们总是不断地在电视、广播或者网络上看到把性作为卖点的内容和令人不堪忍受的低俗的性主题节目，所以在父母们想要帮助孩子接受更多正面的性教育时，常常会感到万般无助。

这本书主要是为了帮助那些想让孩子正确了解性知识却又苦于无法启齿或者感觉无从下手的父母们。大家会发现，其实在不同的年龄段，孩子们对"性"的理解都有着不小的差别。对两岁左右的小孩子来说，"性"仅仅意味着理解性别的不同，这和12岁左右喜欢各种较劲提问的大孩子比起来，真的是有着天壤之别。其实从孩子3岁左右，父母们就可以开始引导他从生理常识的角度去了解性和性别的概念，这样在孩子成长的每个阶段，都将伴随着开放的家庭教育所提供的充分支持。作者强调了这样的观点：父母是孩子的启蒙老师，尤其在性教育方面。父母的引导决定了孩子在成年后看待性别、性和性征等很多问题的态度。作者建议尽早为孩子建立和强化身体隐私的意识,教会孩子区别哪些是善意的触摸,哪些是恶意的触摸,并明确告诉孩子,性行为仅限于成年人。

书中的案例大多是为了告诉父母,不同年龄段孩子对这个世界的理解能力,以及在此基础上对"性"理解到什么程度的辅助说明。推荐的游戏活动是提供给父母一些各年龄段孩子适合展开的与性相关主题的互动形式,在这些活动中,家长可以顺势启发孩子或者找到话题深入交流。贯穿全书的一个关键理论是只要父母发现孩子有关于性的语言行为或者想法时,都要假设孩子"无罪",也就是说孩子是无辜的。因为在现在的社会文化环境中,孩子们得来的关于性的信息过于混乱庞杂,需要父母像老师一样给予最初的言传身教。

在跟孩子们讨论"性"这个词的含义时,每个年龄段的理解都有所不同,不同阶段都会有其典型话题。读完这本书,也许你会发现作者建议的适合与孩子讨论性的场合、事例,以及与孩子的沟通方法,可能跟你之前的做法正好相反。对此,我们很乐意鼓励你在教育自己的孩子时,探索出最适合你孩子的方式方法,无论何时,如果你不赞同书中的建议,都可以根据家里的实际情况按自己的方法去教育小孩。

书中使用了部分阿特金斯博士诊所里小咨询者的真实事例和家长咨询时提出的实际问题。出于对咨询者的保护,我们虽然得到了病人家长的允许和授权,还是隐藏了孩子的具体信息。

TABLE OF CONTENTS

目 录

引 言 父母的观点至关重要　**1**

为什么要跟孩子谈性　3
怎么使用这本书　6
怎样才能更好地跟孩子聊天　8

第一章 2~3岁的学步期：认识身体的部位　**13**

"妈妈，你的小鸡鸡呢？"

认识身体部位时，尽量使用正式名称　16
性别认知：孩子发现"男女有别"　18
利用洗澡开展身体教育　21
和学步期孩子裸身相对不必惊慌　22
孩子为什么喜欢抚摸自己　23
如厕训练：介绍身体部位的大好时机　24
在社交活动中认识性别角色　28
让孩子知道哪些爱抚是适度的和善意的　30
游戏和活动　31

问与答　　34

学步期的孩子应该了解什么　　37

第二章　3~6 岁的学龄前：了解生育的基本原理　　**39**

"阿姨，你吃了你的宝宝吗？"

性别确认：男孩应该什么样，女孩应该什么样　　42

宝宝是从哪里来的，他是怎么到那里去的　　44

孩子压根不问这类问题怎么办　　47

孩子的提问涉及父母的隐私怎么办　　49

"我在卫生间，请勿打扰！"帮助孩子建立隐私观念　　51

还要不要和孩子一起洗澡？你说了算！　　54

我要和妈妈结婚　　56

孩子仍然喜欢摸自己的隐私部位怎么办　　56

保护自己的身体：别人不能碰你的隐私部位　　57

游戏和活动　　59

问与答　　63

学龄前的孩子应该了解什么　　67

第三章　6~9 岁的小学生：强调身体隐私的相关原则　　**69**

"呃，接吻看上去好恶心！"

性别强化：男孩会一直是男孩，女孩会一直是女孩　　72

男生女生有了各自的小团体　　73

对性器官的解释，只讲孩子能理解的内容　　75

尽早促成和孩子关于性的良性沟通　　83

和孩子谈谈性的基本技巧　　86

和孩子谈谈性及其他敏感话题的最好时机　　88

爱就是拥抱和亲吻吗　　89

尊重自己和他人隐私　　92

游戏和活动　　95

问与答　　97

6~9岁的孩子应该了解什么　　101

第四章　9~12岁的高年级小学生：关注前青春期的变化　105

" 为什么男生不会有月经？"

原来真相是这样：性不只是关于制造小孩　　108

什么时候跟孩子讨论"亲热"这件事　　111

及时调整和孩子交流性的途径和方式　　115

身体的变化：你的小姑娘不见了　　117

告诉孩子月经是怎么回事　　120

给孩子介绍不同性别的卫生常识　　121

强调社交原则和身体隐私的界限　　124

把孩子从粗俗语言里拖回来　　127

如何应对青春期孩子充满挑衅的言行　　132

引导孩子树立健康的身材观　　135

改变跟孩子对话的方式：多倾听，少评价　　139

亲子沟通的心理战术：旁敲侧击　　144
做他的父母，而不是朋友　　147
跟十来岁的孩子交谈和活动的建议　　148
问与答　　151
9~12岁的孩子应该了解什么　　156

第五章　有问必答　159

有的放矢地回答孩子的问题　　162
婴儿是从哪里来的，是妈妈拉出来的吗？　　164
什么是性？　　165
能让我看看阴茎放进你身体的哪儿了吗？
我能看看我是从哪儿生出来的吗？　　165
你什么时候"造"的我？　　166
你会在什么时候做爱？　　167
要到多大才能生小孩呢？我现在可以生一个吗？　　168
你在哪里做爱？　　169
为什么我的阴茎会变硬，什么时候才会软呢？　　170
射精是什么意思？　　170
孩子问各种关于性交的说法，想知道是什么意思,怎么办？　　171
什么是同性恋？　　172
"小鸡鸡"是什么意思，为什么阴茎有这么多叫法呀？　　173
如果别人的阴茎碰到你的腿，你会怀孕吗？　　173
怎么才能知道我已经可以生宝宝了呢？　　174

什么是月经？　　174
我什么时候会来月经？　　175
卫生棉条是干什么的？　　176
为什么男孩没有月经？　　177
为什么男孩不能生孩子？　　177
什么是避孕？　　178
避孕套是干什么的？我觉得像个气球。
什么是安全的性行为？什么是性传播疾病？　　178

附录　**180**

男性生殖系统结构图　　180
女性生殖系统结构图　　182

INTRODUCTION
引 言

父母的观点至关重要

先讲个故事：有一天，你开车带着7岁的儿子和他的小朋友一起去上足球课。当你们从校园离开的时候，发现背后的几个小家伙嘀嘀咕咕很神秘地在讨论着什么，你觉得很好玩，也想和孩子们分享一下他们的乐趣，就追着问："你们说什么好玩的事儿呢，也告诉我吧？"儿子转头冲你做个鬼脸说："我们看见两个人在性交呢！"然后几个小孩更加令人崩溃的兴奋不已，叽叽喳喳聊起这个话题来，听得你差点把车开到沟里去。做了几个深呼吸定了定神，你故作平静地问儿子刚才说的话是什么意思。他翻了翻眼睛看着你回答说："你没看见呀，他们告别的时候又拥抱、又亲吻，简直太傻了！"听到这些，你赶紧绞尽脑汁盘算怎么回答，可是没等你想出来，转眼那几个小东西已经在自己的座位上扭打成一团，看起来再也不想继续这个话题了。慢慢镇定下来之后，你一边开车，一边在心里纠结回家后是应该先给医生还是儿童心理咨询热线打电话，讨论下这件事。

这个故事听起来很熟悉吧？拿到这本书，你就再也不必为这样的事情担心了。这本书就是利用大家都有的常识，帮助你在现实生活中学会循序渐进地跟孩子讨论和交流这个让很多家长都觉得难以启齿的话题。每个孩子都有自己的个性，事实上，每家父母也都有着各自不同的养育方式和理念，对于性教育的看法和跟自己的孩子谈论这类话题的承受能力也各不相同。这本书的观点是要让孩子们了解自己的身体是怎么回事，要尽早和孩子开始谈论与性有关的话题，这样做对孩子自然健康的成长至关重要。同时这本书还传递出这样的信息：让孩子知道性行为是成年人的事情，而不是向他们解释性爱和如何避孕。请在阅读时记住这一点，这样就不会因为自己的好恶影响到接受本书的观点和建议。

为什么要跟孩子谈性

为什么要从孩子很小的时候就开始和他交流关于性的话题呢？或者干脆说，为什么要跟孩子谈性？答案很简单，因为在他们从学校接受正规的性教育之前，很长一段时间内父母给予关于性的最初的教育非常重要,也是孩子最正确、可信的信息来源。想想看吧,也许你儿子的好朋友会经常灌输给他一些乱七八糟的关于性和身体的各种变化的错误概念,你难道打算把这么重要的责任就交给那个小家伙了吗?要知道他也跟你儿子一样,还认为真的有人钻到电视里演节目呢!所以一定要早点开始在你的孩子耳边唠叨那些你打算灌输给他的有关性的常识,不能依赖别人——无论是他身边那些同龄的孩子,还是今后学校那些教条的照本宣科的生理卫生课。孩子的价值观来源于父母和家庭,而在性教育这个领域,父母的作用更是至关重要。

可能在你自己青春期万般苦恼的时候,父母在性教育这方面只是简单提供了些生活常识,并没有特别为你做什么或者给你讲解过什么。所以我们这代人年轻的时候,不是对这类问题难于启齿、讳莫如深,就是自以为是地认为自己什么都懂。等到长大后,或多或少地了解了真相或者真的遭遇到什么时却为时已晚,当然也有些人并没有遇到过太多的困扰。要是如今你还打算用这个态度来对付你的小孩的话,基本可以肯定是无效的。因为这个年代的孩子,跟我们小时候的生活环境大相径庭,他们随时可以启动电视的遥控器,打开电脑和收音机的开关,让自己处于各种与性有关的信息中,如果没有父母的帮助,天知道他们会怎么样。

从流行歌曲到温馨家庭剧,到处都充斥着混乱的关于性这个概念的演绎和传递,孩子们每天都接受着铺天盖地的关于性的信息。父母有义务帮助孩子们过滤掉不好的信息,更有责任明确解答适合孩子年龄的各种关于性的疑问,并传递给孩子们正确的性知识。你越早开始和孩子讨论他的身体以及相关的性知识,在孩子逐渐长大的过程中,你们就会有更多的沟通机会和彼此信任的可能性。孩子从小得到的关于性的正面引导,能够使他在长大之后面对诸如此类问题时做出明智的判断和正确的选择。从小就有机会跟父母进行这样对话的孩子,会更多地感受到父母真诚的、细致入微的关注和陪伴,这种对父母的信赖,在他长大之后的心理建设中会显得尤为重要。

怎么使用这本书

这本书可以作为孩子从幼儿时期开始到青春期之前的性教育指导手册，放在家里随时翻阅。书中的信息和各种关于怎么跟孩子谈性的建议都是建立在发展儿童心理学和普通生理常识基础上的。虽说是严肃的事，但是，跟孩子讨论这些问题的时候经常还是会让你怒火中烧的同时又乐不可支。书中提出的不少关于这些敏感话题的主张都是基于一个原则：那就是要尽早开始和孩子这样对话，以便培养与孩子坦率、诚恳的交流方式，这样才能在今后很多重要的时刻帮助和支持他更健康地成长。这样的对话开展得越早，你们双方都会更容易适应和接受，因为你肯定会谅解小宝宝说出的荒谬的

或者好笑的关于性的理解。同大孩子相比，父母也会在小不点们面前相对放松，不必纠结到底该说什么和什么时候说，就像你没事的时候跟理发师还能闲聊半天一样。

本书章节编排直观，你可以通读，也可以挑选急需了解的主题单独阅读。

每一章针对不同年龄段的孩子，所以，你完全不必有顾虑，当解释身体部位和生命起源时，我们给你2岁左右的儿子和12岁的女儿的回答是完全不同的。

本书按照孩子的年龄分四个章节，每个章节的前几部分都是在讲述从学步期到小学高年级的孩子们在性相关的方面想知道什么、需要知道什么，也给父母在发起这样的对话时提出了很多有益的建议和参考的方法。每章还有一个游戏和活动的部分，帮助父母从一些特殊角度的话题中学会如何更容易展开讨论。除此之外，每章还罗列了一些常见问题，并提供了专门的解释和帮助。每章还提供不同年龄段孩子关于性应该知道什么和了解到什么程度的一些基本参照。在本书的第五章，专门提供了完整而全面的孩子们经常会提出的实际问题的答疑，可以帮助你更好地读懂孩子的问题并做出合适的回答。

也许你本身就是很擅长和孩子交流的父母，平时在家总能跟孩子无话不谈，那我们希望这本小书能够成为你手边的参考，帮助你更好地继续那些孩子成长过程中受益匪浅的与父母的亲密对话。假如你一跟孩子提起性方面的话题就感觉难以启齿的话，也别担心，这本书里有不少好主意，一定能帮助你顺利开始跟孩子的对话。

怎样才能更好地跟孩子聊天

很多时候父母都会犹豫到底是随意地还是严肃地去跟孩子谈性，还会担心自己要是主动跟孩子聊身体、性这类话题，是不是会被人另眼相看？其实不论是跟学步期的宝贝儿讲讲身体的名称，还是跟家里半大不小的儿子聊聊青春期的身体变化，你的确都得花些心思好好提前做些准备。

1. 好的谈话态度很重要

要知道你可是孩子一生中最重要的榜样。在这样的谈话中，你越是尊重事实并坦然诚恳，谈话就越容易继续，彼此感受也会越来越自然亲密。父母在处理尴尬的话题或者在解决任何家庭问题时的态度，将会最终影响家里的孩子今后处理这些事情的态度。如果你是积极的、勇于面对现实的、坦率而真诚的,他也将会成为这样的人。

2. 学会跟孩子聊得更多

有时候,孩子的提问并不是他真正想要问的,他只是不知道从何问起。换句话说,你回答的也并不是他真想要听到的内容。所以,跟孩子谈话是需要技巧的,你要仔细听懂孩子到底想问什么,尽量保持话题的开放和顺畅,不能在孩子真正问到想要深入了解的问题之前就已经结束了对话。有时候,需要聊着聊着你才能真正发现孩子想问的问题。

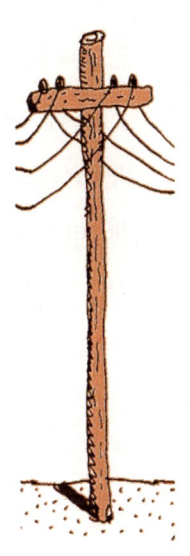

3. 多点耐心,学会倾听

大多数时候,孩子对性都会有一些他们想要表达的模糊的想法,但是没有把握或者没有足够的能力很好地表达。这时候,你要尽量给孩子创造表达的机会,耐心地引导和提示他们,比如,问问"你是怎么想的呀?"之类启发性的问题,从而和孩子一起逐渐摸索出能让他们觉得安心和大人交流这类问题的模式。

4. 多点幽默感

跟孩子讨论身体和性的时候，难免会遭遇一些你意想不到的尴尬和窘迫，请保持你的乐观和幽默。想想看，当你在超市的冰柜前忙着挑选鸡翅膀，而 4 岁的儿子却穷追不舍地向你打听什么时候他的阴茎才会长大的情形，一定会在他长大成人后成为家人的笑谈，每每说起，都会引起全家的爆笑。

简单澄清

记住,本书中提及的"性"这个词汇,并不完全意味着成年人的性行为。正如《韦伯大辞典》中所定义的那样,这个词有很多层面的解释。在本书中,这个词汇更多的是指孩子在不同年龄和发育阶段中相关的性器官发育以及与性相关的一些概念。

Chapter 1

第一章

2~3 岁的学步期：认识身体的部位

"妈妈，你的小鸡鸡呢？"

有一天,你刚洗完澡,正伸手够浴巾来擦干身体,你两岁的小女儿忽然推开浴室的门走进来,她上上下下地仔细打量你,目光落在你身上对她来说最奇怪的部位,问道:"咦,爸爸,那是什么呀?能让我摸摸吗?"你大喊道:"不行,这是我的隐私部位。"然后迅速用一只手遮挡着你的胯部,一只手不顾一切地使劲儿摸到浴巾迅速裹好自己,"咱们去找妈妈吧。"你仓皇护送这个宝贝儿离开浴室。

不过,当你穿好衣服,从这个突发事件里平静下来的时候,也许就会后悔当时没抓住机会给女儿讲清楚男孩跟女孩的身体是不一样的。于是你下决心,下次遇到这样的情形一定要处理得更好,不再大惊小怪,惊慌失措。

本章讲了什么

本章会告诉你，对待学步期的孩子提出的有关性与性别的问题，大人应该如何解释。每个年龄段的孩子的理解能力都不同，最基本的原则就是只做孩子能听懂的解释，采取孩子能接受的解释方式。这就需要你了解孩子现在能听懂什么，所处的这个年龄段什么是最重要的，以及用什么方式告诉孩子。从我的经验来说，你跟孩子之间越早开始这样的对话，在他长大点的时候，你就能够更加顺利和自如地持续这样的对话。本章会帮助你学会如何开始对话。

基本概念

- 教孩子识别身体的各个部位
- 了解简单的性别区分
- 了解自己身体的每个部位
- 如厕训练
- 认识性别器官
- 简单知道为自己的身体负责

认识身体部位时，尽量使用正式名称

尽早帮助年幼的孩子认识身体的各个部位，告诉他们各个部位的名称，以及身体每个部位不同的功能，能够让孩子更早的认识、了解自己的身体。

事实上，很多父母在孩子还是婴儿或者学步的时候就通过儿歌和日常的一些小游戏帮助他们认识自己的身体，比如：这是你的小眼睛，这是你的小鼻子，你的小嘴巴在哪儿啊，你的小耳朵呢？

但是大多数时候，我们会跳过腹部和大腿周围的部位，直接指认到膝盖以下的部位。你肯定从来没听过谁家的爸爸妈妈唱念："你的小鸡鸡在哪里？你的阴囊在哪里？"这样听起来的确很奇怪。可是，谁又能忽略身体的这些部位呢？事实上，大家也不是忽略，而是很尴尬，不知道怎么跟孩子讲这些部位的名称，也不想把孩子的注意力都吸引到这些我们觉得不便公然提及的部位。

应该这么说：阴茎或者阴道

你之所以不能很坦然地跟孩子介绍这些部位，是因为你是一个成年人，你很清楚这些部位的功能和作用，所以一想到要提起这些名词，你心里就一个劲儿犯嘀咕，觉得难以启齿。作为父母，你应该了解，其实这些名词对于孩子来说，就是一个简单的身体部位的名称而已，跟鼻子、眼睛、嘴巴比起来，并不会有太大区别。解决这种尴尬时刻的唯一办法，就是克服你的心理障碍，坦然地提到这些名词，反复说几次，你就不别扭了。

其实，现在是帮助孩子用正确的语言认识自己身体的最佳时机，在一开始就要教给孩子这些部位的专业名称，比躲躲闪闪地说什么"小鸡鸡""小屁屁"之类幼稚的词汇，还有那种含糊地指认什么"上面、下面"要好很多。男孩有阴茎和阴囊，女孩有外阴、阴道和阴蒂。这样的介绍，说出来的时候也许不能让你觉得自己很优雅或者很舒服，但是简单明了。

生殖器官是身体各器官中唯一有各种"小名儿"的，当大人们用很卡通、很口语的词汇代替生殖器的专业名称来教孩子的时候，他们会敏感地察觉到某种神秘，觉得肯定有什么秘密藏在这些器官里。所以，请正确地帮助孩子从小像认识自己的胳膊肘一样认识自己的性器官吧。不然在他们长大之后，你总得再纠正一遍。难道你成年之后，还会管自己的生殖器叫小鸡鸡或者小屁屁吗？

性别认知：孩子发现"男女有别"

如果你有儿子也有女儿，一定能注意到孩子们自己就会逐渐发现兄弟姐妹的身体跟自己的有些不同。2岁左右的孩子开始注意到性别的不同，知道自己是男孩还是女孩。学步期的孩子是通过分类来进行性别认知的，就像按大人的要求，把自己的玩具按照颜色、大小和功能分类一样，孩子们会按照男孩有阴茎而女孩没有对自己身边的小朋友进行分类。你很容易听到这个年龄段的小姑娘在介绍自己的

朋友时说:"珠珠是女生,因为她没有小鸡鸡。"

面对这个年龄的孩子,有个很好的办法,就是在家里帮助孩子不断加强对性别的认知,比如,可以问孩子:爸爸是男孩吗?爸爸有阴茎吗?妈妈是男孩吗?妈妈有阴茎吗?豆豆是男孩吗?豆豆有阴茎吗?(如果你家里的是个2岁左右的女儿,提问时最好把上面提问中的阴茎换成阴部)这样,孩子会逐渐对家人的性别有明确的区分,哪些跟他自己一样,有阴茎,是男孩,哪些没有,不是男孩。

2岁左右的孩子开始逐渐能够分清性别,哪些是男孩,哪些是女孩。

遭遇"爸爸,我能再看看你的阴茎吗?"及其他尴尬时刻的攻略

在教孩子区分性别的过程中,有时候会遭遇相当尴尬的时刻。比如,正在银行排队的时候,女儿突发奇想,大声对你说:"爸爸,我能再看看你的小鸡鸡吗?"你一定特别想找个地缝钻进去,现在全世界的人都知道你跟女儿一起洗澡的时候,女儿看过你的阴茎了,包括给你办理业务的银行贷款专员也知道了。但是记住,无论你感到多么尴尬,也要尽量克制,绝对不能在那一刻恼羞成怒地对孩子恶语相向,简单粗暴地敷衍她的问题。要知道孩子虽然让你无地自容,可是她没有什么过错,她只是在通过孩子的方式去努力了解自己的身体,也努力向你学习认识世界而已。告诉你一个最好的方法,你要很镇定地弯下腰,答非所问却又清楚平静地告诉她:"你说得对,宝贝,男生跟女生不同,男生长着阴茎,女生却没有。"

利用洗澡开展身体教育

在孩子两岁半到三岁的时候，会对你的身体特别感兴趣，当然，对自己的也很感兴趣。他会不断寻找机会盯着爸爸妈妈的身体上下打量，问这问那。如果你不是特别介意，完全可以利用洗澡的机会开展身体教育，可以做很好的介绍，也可以适时回答一些平时他对于身体的疑问。通常，你都是会遭遇一些让你汗颜的问题，比如，"妈妈，你的小鸡鸡呢？我有小鸡鸡，你的小鸡鸡呢，去哪儿了？"还有更让你悲痛欲绝的，"妈妈，你的屁股为什么那么大？"被问到这些的时候，你肯定特别希望这个小东西赶紧闭嘴。

"妈妈，你的小鸡鸡呢？我有小鸡鸡，你的去哪儿了？"

但是，如果你可以很坦然地裸身跟孩子一起沐浴，其实这会是一段特别美好的亲子时光。你对自己身体的坦然态度，一定也会影响到孩子对自己身体的态度，孩子也同样会很从容地做些相关的提问，不会觉得忐忑和神秘。

和学步期孩子裸身相对不必惊慌

坦白地说,即便这样,你还是尽量不要在孩子面前流露出你裸身面对他时的不安和惊慌,尤其是在孩子的性别跟你不同的情况下。裸身相对的时候,也完全没必要心中充满了罪恶感和厌恶感,对于这么大的孩子来说,爸爸妈妈裸身的时候说起身体的各个部位和穿着衣服的时候说这些,并没有什么太大的区别,不必过于担心自己的表现。你的不安,对谁都没有好处。

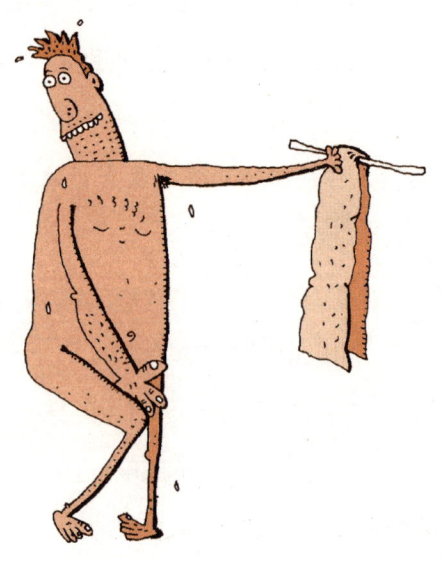

孩子为什么喜欢抚摸自己

孩子脱掉衣服的时候,都会显得对自己的身体很有兴趣,摸摸这、摸摸那,当然也包括性器官。当孩子探索身体,想知道身体的各个部位都是怎么回事的时候,有时候碰巧就会发现,抚摸自己的性器官时感觉很舒服,因为觉得舒服,他们就会经常去摸摸。作为大人,首先应该知道,这是人的正常感受。从生物学的角度来看,人体的性器官布满丰富的神经末梢,比身体的任何部位都敏感;其次也应该了解,自我刺激是孩子正常成长的一部分,几乎所有的孩子都会有这样的经历。大人不要根据自己的判断就认定这是在手淫,就出面制止和惩罚孩子。因为孩子这样做的目的并不是寻求性刺激,仅仅是因为他们感到舒服而已。千万别斥责孩子,说那样做很肮脏,见不得人,并粗暴地拉开他的手,这些举动都会让孩子觉得羞辱并且不知所措。

孩子偶尔发现,触摸性器官的感觉很舒服,于是就喜欢经常去摸摸。

不过，如果你发现孩子在沙发上抚摸自己的性器官并显出很享受的样子时，也不能听之任之，最好告诉孩子：抚摸自己的身体本身没有问题，但这是很隐私的行为，可以在浴室或者卧室里做，在客厅的沙发上做就不适合。不过，提醒的时候别大惊小怪，更没必要为此喋喋不休，孩子可没耐心听你讲那么多。其实，对这么大的孩子而言，你规定的"不要在沙发上抚摸自己的性器官"和"不要在卧室里吃麦片"没有太大区别，仅仅是多了一条妈妈告知的规矩而已。不过，要记住，对于两三岁的孩子来说，家里的一切规矩都得经常提醒、不断重复，这样才能使他们养成习惯。

如厕训练：介绍身体部位的大好时机

如厕训练对学步期的孩子和他们的父母来说的确是件大事。你可千万别指望你的宝贝能一步到位地顺利学会自己大小便。最常见的状况是，他经常会在便盆上坐半天都尿不出来，刚刚离开却忽然尿裤子了。如厕训练的过程中会有很多机会可以帮助孩子指认身体的部位并告诉他这些部位都是用来做什么的。

你可以很自然地和孩子一起，在他坐在马桶上大小便的时候读本故事书，多坐一会能帮助他加速肠
道蠕动好尽快顺利排便，同时也能跟孩子一起随便聊聊。聊的内容当然跟他正好露出来的比如臀部、生殖器之类的部位和大小便这件事有关。应该鼓励孩子说出尿尿或是大便时的感受，让他自己体会在大便和小便的时候都用到了身体的哪些部位。在给孩子讲这些的时候，尽量用词准确，这样孩子听习惯之后就能学会正确的表达。

浴室里的话题：孩子的第二语言

你可能会发现，正处在如厕训练期的宝贝儿随时都想跟人聊聊你跟他在浴室里聊的那些话题。对这个年龄的孩子来说，也许没有什么比关于厕所或者拉粑粑更好玩的话题了。你得做好心理准备，因为随着孩子语言能力的发展，以及与其他孩子社交活动的增多（他们也在忙于如厕训练，并享受与之相伴的所有浴室幽默），浴室谈话可能还会增加。虽然对父母来说总得在浴室陪聊有点烦，但对这个年龄的孩子们来说，浴室的聊天非常有益于身心健康，能让他们坐得住，直到学会使用马桶大小便。当孩子学会了在需要上厕所的时候告诉大人，父母们一定要及时奖励。但同时也要给孩子一些示范，你希望他们怎么说，还要让他们知道你们在浴室里聊的都是隐私话题，不能到外面随便跟人说。就像你会告诉孩子只能在自己的房间抚摸身体隐私部位一样，你得告诉他们在浴室说的话只能在浴室说，不能到处说。这样的规矩会帮助孩子强化界限感，一方面让他们明白可以跟人讨论关于身体的话题，另一方面也要知道关于身体的话题有一些约定俗成的分寸，比如该在什么时候说和在哪儿说。

　　如厕训练非常重要，在这个过程中孩子会逐渐学会如何感受和控制自己的身体，也让他了解身体相关的部位是如何工作的。记住，孩子尿裤子的时候不去责备他，和孩子成功尿到便盆里的时候夸奖他，同样重要。要让孩子知道，就算他在如厕这件事上还是需要大人的帮助，你也同样为他的每一点进步和努力感到骄傲。更要让孩子了解，在他的成长过程中，无论犯了什么错误，还是引发焦虑和争议的问题出现时，你都是值得信赖和乐于帮助他的。

在社交活动中认识性别角色

即使你的孩子已经非常清楚男孩和女孩的生理区别了,他们还是应该在社交活动中学习如何区分男孩和女孩的行为。3岁的时候,大部分孩子不但可以告诉你他是男孩还是女孩,还能列举出一堆很刻板的男孩应该做什么,女孩应该做什么

的例子,很多例子甚至会让在一边倾听的父母和其他大人们觉得很尴尬。

孩子的性别角色并不是天生固有的,他们从周围的环境和大人身上逐渐认识到性别的差异。一般说来,我们支持在

孩子模仿那些符合他们性别角色的行为时,给予充分的肯定和鼓励,也就是小男孩玩积木显然应该比玩洋娃娃得到更多的赞赏和关注。

你给朋友的孩子选生日礼物时,假如是男孩,你肯

定觉得玩具卡车应该比芭比娃娃更合适。一般来说，父母不会给男孩买芭比娃娃这样的玩具，大人们不会把属于男孩的玩具送给女孩，当然也不会把女孩的玩具送给男孩！算是约定俗成，绝大多数父母会很自然地做出这样的性别角色定位。

所以，跟其他事情一样，你想让孩子成为什么样的人，就要做出什么样的榜样。比如，你告诉孩子男人和女人都应该做家务、照顾孩子，那在家里你也应该这么做才行，孩子看见了才会相信你说的话是真的，孩子还不具备关联想象的能力，他们的原则是眼见为实。如果你和孩子在电视里看到、书里读到或生活中发现一些你所不齿的性别角色的行为，告诉孩子不能那样做的同时，也要记得严格要求自己一定也别那么做。你想要灌输给孩子的那些准则一定要示范给孩子看，而不是仅仅停留在嘴边。虽然孩子还小，看起来只是关系到眼下这些简单的性教育，但是家人的态度将会持续影响到将来你对孩子的教育。

让孩子知道哪些爱抚是适度的和善意的

小孩通常都非常喜欢让父母、熟悉的家人或父母的朋友抱着和爱抚。需要提醒父母的是,要让孩子知道哪些爱抚是适度的和善意的,哪些不是。因为2~3岁的孩子通常只是很本能地享受大人的抚爱,完全不能理解大人某些行为的后果,孩子自己也不具备能力判断什么样的抚摸是合适的、什么样的抚摸是不合适的。

所以,尽早告诉孩子怎样的抚摸是可以接受的,怎样的抚摸是需要拒绝的就显得非常重要了。最好的办法就是给孩子一个分类,比如,在认识的人当中,只有谁是可以触碰自己的哪些身体部位。孩子的隐私部位,就应该只有孩子自己和父母在洗澡和检查湿疹的时候才可以碰,或者是被父母允许并当父母在场时,如为孩子检查湿疹或者清洁生殖器的医生,也是可以的。当然都要尽量在事先得到孩子的允许。毕竟,那是孩子自己的身体。

怎样的抚摸是可以接受的，怎样的抚摸是需要拒绝的。

和孩子在浴室玩耍沐浴的时候，跟孩子玩指认身体部位游戏的时候，或者在如厕训练的时候，都可以跟孩子强调这个原则：只有在特定的场合、特定的人才可以碰他的隐私部位。事实上，这么大的孩子并不能完全理解你说这些话的意思，但是没关系，这些提醒和教导都会在他的心里播下如何好好保护自己身体安全的种子，建立良好的意识。

游戏和活动

在哪里

这个游戏其实算是我们从小就跟孩子们一起玩的"宝宝的小鼻子在哪里，小耳朵在哪里"的完整版。当你给孩子梳洗打扮，然后帮着他穿衣服时，就可以开始这样的游戏，注意，一定别跳过肚子和膝盖之间的那些部位，这是游戏中非常重要的一环，要做得和指引孩子认识"宝宝的小手指在哪里,宝宝的小脚丫在哪里"一样自然。对大点的孩子,你还可以多问一句:什么地方是只有自己和爸爸妈妈才可以碰的隐私部位呢?这样做的目的是帮助孩子强化有些身体部位是非常隐私的、不能随意让外人触摸的概念。这样做的次数越多,你的态度就会越坦然。孩子从游戏中得到玩耍的乐趣,假以时日,再提及这些隐私部位时就会显得非常自然,也会顺理成章接受对自己的身体该坚持的原则。

谁有什么呀

这是一个通过分类识别来帮助孩子了解自己的身体部位和性别特征的游戏。玩游戏的时候,指认一些身体部位,然后问问孩子,他认识的家里的大人们都有哪些部位和特征。比如,爸爸有长头发吗?爸爸会涂指甲油吗?爸爸会长胡子吗?妈妈是不是会穿高跟鞋呀?孩子通常都会非常喜欢这样的游戏。不过,虽然是要教给孩子分辨性别特征,也不必刻意着重于谁有没有阴茎这样的问题,身体的各个部位都可以提问。孩子的表现一定会让你大吃一惊,原来他知道的真不少呢!

浴室里的聊天游戏

在帮孩子洗澡或者陪孩子如厕的时候，跟孩子聊聊，提醒孩子学会在合适的场合和时间与人谈论隐私部位，也可以帮助孩子理解之前家里的一些相关规则。当你发现孩子们正滔滔不绝地当众交流关于隐私的话题时，应该马上态度平和地制止，并小声提醒孩子，他们应该去合适的地方（比如浴室）去进行这个话题。一般来说，孩子们会马上停止讨论。如果他们真的按照大人的建议去浴室继续聊天，家长应该赞扬他们的行为，并让他们继续随心所欲地聊。你要做的是，确保在他们走出浴室的时候，结束类似的聊天。一般而言，就算孩子们选择去了浴室，要不了几分钟，他们很快会对这种话题失去兴趣。

男孩可以做什么，女孩可以做什么

这个游戏可以帮助孩子理解男孩和女孩有着不同的性别特征和各自承担的性别角色。你可以问孩子这样一些问题：女孩可以做医生吗？女孩可以做爸爸吗？男孩可以做护士吗？男孩可以做妈妈吗？设计相关的小问题，能帮助孩子逐

渐准确分辨性别特征和认知性别角色，通过你的引导，形成孩子对性别的最初概念。

问： 3岁的女儿喜欢在我洗澡或是换衣服的时候有意无意地盯着我看，尤其最近，她对我的身体显得特别有兴趣，看得我心里很不舒服。她的行为和我的反应正常吗？

答： 性别识别是孩子成长中很自然也很重要的一步。在这个过程中，孩子不仅仅对自己的身体感兴趣，对家庭里其他成员的身体也一样有兴趣，特别是对父母。你的女儿忽然对你的身体有兴趣，说明她观察到她和你身体之间的联系，也想了解为什么会有这些联系，这是孩子成长很重要的一步。作为父母，应该把握这个机会，主动和她讨论男孩和女孩、男性和女性间的相同之处与不同之处。如果你对孩子看到你的裸体感到不舒服，可以在洗澡的时候锁上浴室的门，谢绝孩子的"参观"，随后引导孩子关注她自己的身体而不是你的身体就可以了。这也是教女儿认识界限的好时机，告诉她浴室有人用的时候，想要进去就该敲门，征得对方允许后才能进入。

问： 我的孩子从外面大孩子那里学会了一些难听的粗话形容阴茎，比如小鸡巴、小香肠，就算在家里我们用正式的书面科普名称"阴茎"，他还是喜欢用那些词来表达。当孩子这么说的时候，我应该怎么办呢？

答： 孩子模仿自己的哥哥姐姐们或身边玩伴说什么都是正常的。父母听到之后的态度和反应决定了孩子会这样说多长时间。换句话说，如果你对孩子说脏话、不雅词汇时的反应过激，后果就是，孩子会变得更加喜欢使用这个词。与其说他喜欢那些词，不如说他对你的奇怪反应更感兴趣，孩子会好奇地一再反复，因为他很喜欢看到爸爸妈妈像被按了开关一样听到自己这么说马上变得暴跳如雷。最好的方法是听见孩子说这样的话时，不做激烈的反应，也不去责骂，不去说"天啊，你那么说好恶心"什么的，换个态度，心平气和地简单表明你的态度："在我们家里都不这样说"，然后继续你自己手中的事情就可以了。

问： 从小到大我从来没有跟父母讨论过关于性和身体的话题，事实上，我的父母好像也从来没有跟我提到过阴茎或是阴道这类字眼。现在我自己有了女儿，我非常希望能跟我的女儿自然地讨论这类话题，可是觉得用科普名词和两岁的女儿谈及身体好像有点可笑。我想知道，要是用小屁屁之类的儿语来代替阴部和女儿讨论的话，会有什么问题吗？

答： 很多父母出于成人的偏见，都觉得性和身体之间的关系难以撇清。其实2岁的孩子并不会因为大人使用儿语或是正式的名称而感觉到有太大区别。之所以建议使用专有名词，是希望能从孩子很小的时候就传递给他一种对待这类问题的态度。想象一下，10年之后你的女儿长大了，她想知道这些令人焦虑的问题时你再想要影响她，难度会有多大？所以我们稍加判断就可以知道，从学步期就开始性知识方面的教育，孩子就会慢慢具备简单的知识和保护自己的意识，在孩子长大之后，有些貌似难以启齿的问题也能和父母坦然交流。既然有这样的好处，那我们就把现在做的事当成陪伴孩子成长进行的准备吧。

学步期的孩子应该了解什么

小一点的孩子对自己的身体能够理解到什么程度呢？以下要点可供父母们参考。记住，对2~3岁的孩子来说，性只是那几个代表身体部位的名词，他们能感受到最简单的性别差异。

- 孩子会对自己的身体很感兴趣。
- 会尝试用很多方法刺激和抚摸私处（但绝对不是手淫）
- 嘴里可能随时会跳出一些让父母或其他大人尴尬的字眼，但孩子并不是故意的。
- 当他开始常常提起如厕这件事的时候，其实是在用自己的表达方式告诉你,他已经开始尝试掌握这种重要的自理能力了。

- 孩子需要父母为他明确设定一些行为准则(例如,不能在浴室以外的地方公然讨论这类话题)。
- 他需要父母帮忙确立关于身体的原则和规矩(比如,除了父母为他清洁私处或者在医院由医生检查身体,任何人都不能随意触碰他的私处)。
- 孩子开始意识到自己的性别,模糊意识到性别角色并形成一些关于性别的刻板印象。

Chapter 2

第二章

3~6岁的学龄前：
了解生育的基本原理

"阿姨，你吃了你的宝宝吗？"

有一天,你和怀孕 7 个月的好朋友在自家客厅聊得正高兴,这时,你 4 岁的儿子走进来,你注意到他盯着朋友凸起的腹部反复打量,于是你对他说:"嗨,宝贝,你知道吗,阿姨肚子里有个小宝宝呢,你觉不觉得很奇妙?"他毫无表情地看了你一眼,然后转身走开了。几分钟后,他转回来,不太友好地对你的朋友说:"阿姨,你的宝宝怎么会在肚子里呢?是你把他吃进肚子里了吗?"

　　好笑之余,你一定也会意识到,是该给孩子讲讲肚子里的宝宝是从哪儿来的了,免得他觉得很恐怖,以为所有的妈妈都是食人族呢!但是,要从哪里讲起呢?

本章讲了什么

在这一章，我们将帮助你用正确的方法给学龄前的孩子简单讲讲宝宝是从哪里来的，以及怎么来的。也许，你会觉得对于这么小的孩子来说，思考和讨论生殖繁育的过程是不是太早了？但事实上，这个年龄是帮助孩子了解自己的身体是如何工作的最佳时机。因为学龄前是一段非常独特的时期，在这几年中，孩子一只脚已经迈进了具体的现实世界，另一只脚却仍然固守在童话世界里。对他而言，长大成为消防员、蜘蛛侠，或是隐形的仙女都是可能实现的。在他的眼里，就没有不可能的事。所以，趁着孩子们有着浓厚的好奇心，让他有机会了解，任何答案对他来说都会比今后任何时候更容易接受。

基本概念

- 了解性别的固有特征
- 婴儿从哪里来——生育的基本原理
- 社会性语言和适度行为
- 身体隐私的底线

性别确认：男孩应该什么样，女孩应该什么样

对学龄前的孩子来说，成长中一个重要的里程碑就是能够非常清楚地了解自己的性别，知道男孩有男孩的玩伴，女孩有女孩的玩伴，以及以后会长大成为男人和女人。当然，这件事对家里有学龄前孩子的父母来说可能算不上是大事，因为还有好多大的进步接踵而来，比如，孩子忽然学会了自己上厕所，开始主动尝试自己穿衣服，不再每隔15分钟就想要尿尿等。但是，对性别的初步认识能帮助孩子更好地理解自己的身体是如何工作的，也对孩子长大后如何演绎他们的性别角色产生着重要的影响。

重要的不是说什么，而是怎么说

那么，很好，现在你决定和家里这个小孩子坐下来面对面聊一聊关于性的话题。不过呢，看得出，你的内心是如此紧张，以至于还在犹豫跟孩子谈还是不谈。

建议：当你自己还在对讨论性这件事焦虑不安时，就先别急着去影响你的孩子。因为，孩子虽然不太理解你为什么不自在，但是会被你感染！这样产生的压力对你和孩子都没什么好影响，所以，在这种情况下跟孩子坐下来勉强讨论就会事与愿违。不如挑选一个你和孩子都轻松开心的场合，先找个简单温和的话题聊起，比如问问儿子觉得怎样才算是男孩，或者他对自己的身体有什么发现？重要的是让孩子感觉到你随时随地都愿意耐心和他讨论遇到的任何问题，而并不是非得刻意在一个特定的时间围绕特定的主题才能交流。无论什么时候，做个乐于倾听的父母，就能发现和孩子的交谈总是会带给你很多意外的收获和感动。

比以往更加着迷地想要知道身体的每个部位都是怎么回事的年龄。

在家中，当孩子和你谈及男孩和女孩应该是什么样的，男孩的身体和女孩的身体都有什么区别，以及那些有区别的部分都是用来做什么的这类话题时，孩子的性别很大程度上决定了他的立场。你的儿子会逐渐认识到他不仅永远不能变成一个女孩，长大以后也绝对不会生宝宝；你的女儿也会慢慢了解她长大了可以生小孩，但肯定不会长出阴茎。在孩子开始明确认识到自己身体的性器官将伴随他们一生的时候，突然变得比以往更加着迷地想要知道自己为什么长着这些器官，以及这些器官都是用来干什么的。

宝宝是从哪里来的，他是怎么到那里去的

切记，在跟家里那个学龄前孩子谈及有关性的概念时，千万别和那些欢愉的感受、彼此的感情以及所有你知道的相关生物学知识，或者什么逻辑扯上关系。抛开成人世界里提到性的时候自然而然涌现在你脑海中的那些浪漫、性感，选择最简单直接的措辞和解释，就像解释动物的生育繁殖一样，仅仅告诉他一个过程就好了，无须过多描述。学龄前的孩子只是想知道宝宝是怎么进入妈妈的身体，然后又怎么出来的而已，吸引他的就是了解这个简单机械的过程，知道这个过

程他就心满意足了。

你得搞清楚正在跟你对话的这个小东西眼下连左右脚的鞋子都分不清呢。

其实，开始这类谈话时最好的办法就是问问孩子："你觉得宝宝是从哪里来的？你觉得他是怎么来的呢？"放心，他绝对有自己的答案，有时候你会发现，他知道的比你想象中他应该知道的，真的要多得多呢。也有的时候，他的回答完全是没有基本常识的笑话。所以，就算听到4岁的孩子很肯定地告诉你，婴儿是在妈妈的胃里长大，然后从妈妈的肚脐眼里生出来的时候也不必感到惊讶。不管孩子回答了什么，你都能从中大致判断出他已经知道了什么和他想知道什么。那么，话题就可以从他想知道的那些内容开始。

跟孩子讲解这些的时候，没必要

一次就非得从头到尾地给孩子讲清楚婴儿是怎么出生的。其实4岁左右的孩子只会提出简单的问题，理解简单的答案，对多余的答案不但没有兴趣听下去，更没有足够的能力去继续刨根问底。所以别着急，孩子有兴趣听的时候多讲两句，没兴趣了就马上结束。可以等孩子过段时间又提出想进一步深入了解时再继续你的讲解。有时候你会发现，你认为自己解释得很清楚的内容，孩子的理解却颇具戏剧性，比如，你给4岁的女儿讲过孩子是从妈妈的阴道而不是肚脐眼里生出来的，改天你也许会听见她很笃定地告诉朋友，等她长大了会把孩子尿出来——这也难说！

> 孩子有兴趣听的时候多讲两句，没兴趣了就马上结束。

不用刻意去设计这样主题的对话，关键是挑选合适的时机。随时接受孩子的提问，回答时也尽量着重于孩子提问的那个方面就可以了，不必做过多的联系和联想。但是，如果你认为教育孩子的工作可以一次搞定的话，那就错了。比如，你告诉孩子："爸爸在妈妈的肚子里播下了一颗宝宝的种子，然后宝宝种子发芽了，开始像一株植物那样在妈妈的肚子里长大，然后9个月之后宝宝就出生了……"如此这般，那你就大错特错了。要知道，你是在和一个如果没人提醒连左右脚的鞋子都分不太清的孩子交流，你要学会耐心等待，寻找跟孩子说这些话题的合适时机。如果哪天孩子很有兴趣地追问有关自己的身体，以及自己怎么长大，或者开始关注别人家的婴儿的时候，你就要抓紧机会，可以开始这类对你来说有点敏感（其实对孩子根本不是）的主题。对孩子来说，这类问题是否得到答案无关紧要，而你是不是那个随时可以帮助他的人，是不是真心乐意为他解释，才是最重要的。

孩子压根不问这类问题怎么办

你的孩子也许从来没问过宝宝是哪儿来的和怎么来的这类问题。但是，为了避免等孩子长大之后你再尴尬地去做这类沟通，还是建议你在孩子小的时候主动寻找机会提出这样的话题。比如，你们一起看电视或一起读到的一本书里有孕妇的情节，或者去邻居家串门看看新生婴儿的时候，都可以向孩子提出类似的问题："你知道宝宝是怎么出生的吗？"

让孩子知道这样的问题是可以从父母那里得到答案的,就算他当时还是表现出不想回答、也不想了解的样子都没有关系。有了你的引导,可以肯定,他至少开始想这类问题了。

如果孩子不满足于简单解释,继续刨根问底怎么办?

这个年龄的孩子充满了好奇心,也非常好学,但是他们不太能理解那些抽象的概念,比如生命的真相和有关性的基本常识,他们也同样不能理解怀孕生小孩还会有情感的因素，所以就简单明确地把过程告诉孩子：爸爸把阴茎放入妈妈的阴道里释放精子，精子进入妈妈的卵子，孩子就开始在妈妈肚子里成长，一直到9个多月宝宝长得足够大了，妈妈就把婴儿从阴道里生出来，宝宝就是这么出生的。其实，即便这样的讲解，孩子也不见得能完全理解，只是让孩子对这个过程有个大致的概念，重要的是，你说的是事实。

孩子的提问涉及父母的隐私怎么办

随着和家里这个学龄前孩子在这类话题上逐渐有了相对深入的讨论之后，你就会发现孩子很可能会提出一些涉及你隐私的问题，比如，你什么时候再怀孕呀？我可以看看爸爸把阴茎放到你身体的哪里去了吗？这些问题会让人听了非常不安，觉得难以启齿。其实，你完全没必要为此大惊小怪，因为孩子在这个年龄并不能理解隐私的概念，更不知道如何把握提问的尺度，从他的角度来说，想知道那些"隐私"问题的答案和他想知道洗碗机是如何洗碗的在本质上没有任何区别。

"我能看看爸爸把阴茎放到你身体的哪里去了吗？"

回答孩子类似问题时，语言描述要具体，态度要坦诚豁达。最好用孩子的身体做示范，而不是你自己的，这样孩子对生理结构就能一目了然。另外，别忘了你的好帮手——相关的图片，合适的图片比一大堆语言描述更能说明问题。找一本有小孩从母体娩出过程插图的书，孩子看着你可以在一边指点解释，这样的解答方式也会使"阴茎到底去哪里了"的问题迎刃而解，你可以这么说："看，它进入了妈妈的这里，这个部位叫阴道。"

作为父母，需要帮助孩子建立关于身体的原则，告诉孩子哪些是可以做的，哪些不可以。

那些关于你的身体或者让你不舒服的问题，你可以不必回答。作为父母，需要在引导孩子认识和了解性的话题中帮助孩子建立关于身体的简单原则，明确告诉孩子哪些是可以做的，哪些是不可以，在孩子提出那些触及你隐私的问题时，也一样。另外，父母不要显得过于敏感，其实对孩子来说，都需要一个试错的过程。

"我在卫生间，请勿打扰！"帮助孩子建立隐私观念

这个年龄的孩子，从面包机里面究竟是什么样的到院子里的每一块石头下面到底藏着些什么，都充满了好奇。这个阶段，也是个相对纠结的时期，孩子会反复尝试挑衅父母建立的底线和原则，这时父母需要做的是耐心帮助孩子不断巩固和确立那些基本的原则。孩子会花很多时间试图去挑衅正确的言行，特别是在言语上。虽然这时候大部分孩子都已经学会了怎样独立如厕，可是浴室里的教导却远远没有结束。有的时候你会发现，就算你早已在家里立下了明确的规矩，哪些话可以说，哪些话不可以，但孩子在这方面的表现反而更糟糕了。不过，即便他的挑衅让你抓狂，你还是要在沐浴

时间尽量用诚恳的谈话去解决问题,这样才有可能让情况好转。最好的方式,就是在孩子用语错误的时候,选择在浴室聊天的机会直接、平和地再次重申这件事在你们家应该怎么说。当孩子们使用正确语言时,作为父母应该及时做出正面回应赞扬孩子,在这样的过程中,大家都获得了更多乐趣。

浴室里谈话的态度越诚恳,孩子越容易接受。

在家里可以给学龄前孩子一些使用浴室的规定。其实，细心观察不难发现：小孩子在走进浴室的时候也会顺手把门关上，不想让别人看到他在里面的样子，这时候要及时肯定他的做法。孩子开始知道需要保护自己的隐私了，这是件好事！不论何时何地，在你使用浴室的时候都应该关好门，别人要进来需要得到允许才行。与此同时，当别人使用浴室的时候，你也不能够擅自闯入。应该尽早告诉孩子，浴室的门关着的时候，需要敲门，得到允许后才能进入。

请问医生在吗？

当你撞见孩子和他的小伙伴正脱掉裤子，露出小屁股，一个给另一个打针的时候，肯定被吓了一跳吧。其实，对这么大的孩子来说很正常，他们相互之间对彼此的身体很好奇，想知道对方的身体是什么样的。只是，他们需要知道这个世界上还有身体隐私的说法，每个人的身体都有不能随意让别人触摸的部位。当你发现孩子在玩过家家扮演医生时，不要暴跳如雷，更不应该羞辱孩子。你可以温和地让孩子们把裤子穿好，告诉他们每个人都有自己的隐私部位，不能让别人随意触摸，然后让孩子们重新开始游戏。之后再找合适的机会单独跟孩子谈这件事，问问孩子想知道哪些关于身体的问题，如果孩子提问，你就态度诚恳、就事论事地回答。找机会把这件事的经过和你处理的方式告诉孩子小伙伴的父母。这其实是和其他父母沟通如何处理类似问题的好机会，不管他们是否会像你那样去做，或者无论你是否赞成他们的观点和方法，你至少知道了他们的想法。这样，当你的孩子去朋友家里玩，你把孩子委托给这些父母照顾的时候，你心里也有数。

还要不要和孩子一起洗澡？你说了算！

这个年龄的孩子有时会忽然变得特别害羞。前一分钟还兴高采烈地光着身体大踏步地跳来跳去,告诉你他是恐龙,恐龙是不穿衣服的;转眼,又变成了害羞保守的样子,告诉你帮他穿睡衣的时候必须闭上眼,不能看他光着的样子。也就是说,其实孩子这时候已经模糊地意识到了公开和隐私的问题,但是他需要你的帮助和肯定。你要观察到孩子成长中的这些迹象,如果善用这些蛛丝马迹,就能赢得孩子的信赖,也会顺理成章地在孩子内心建立家中认同的家规。

要顾及、尊重孩子的隐私,也要保证孩子的安全。

可能你给跟自己性别不同的孩子洗澡时并不会觉得不舒服,那就一起洗,没问题。但是如果你觉得不安,或者你觉得孩子感到不安,那就别那么做。每个人都可以选择最适合自己和孩子在这方面相处的尺度,同时兼顾尊重孩子的隐私,保证孩子的安全。比如,你可以不在浴缸旁盯着孩子洗澡,但是也别离得太远,因为不管孩子多大,都有滑进浴缸里摔倒溺水或者碰伤的危险!

我要和妈妈结婚

你得帮助孩子了解什么是爱情和婚姻。4~6岁的孩子对爱的理解程度，基本跟他们对彼此之间性别差异的理解程度差不多。对于父母亲都在的完整家庭的孩子来说，爱还意味着结婚。绝大多数学龄前孩子和四五岁的孩子都会经常提起他要和谁结婚或是谁想和他结婚之类的话，就仿佛是儿童版的相亲活动一样。但很显然，那个兴致勃勃地回到家宣布打算和一棵树结婚的小孩，并不真正明白什么是婚姻，但这样的想法至少发出了一种信号，就是孩子多少理解了爱在婚姻中很重要，以及他懵懂地洞察到未来的社会角色跟性别有关的部分（当然娶一棵树为妻除外）。所以，当听见孩子信誓旦旦地说等他长大了要和妈妈结婚的时候，不要草率地认为孩子有心理问题而大惊小怪，那是孩子对妈妈的赞美和仰慕，也说明孩子已经开始意识到自己的性别角色了。

孩子仍然喜欢摸自己的隐私部位怎么办

不少学龄前的孩子不论穿没穿衣服都常常去触摸自己的私处，为什么呢？因为触摸那里会产生生理的快感，对大多数孩子而言，就是觉得摸着舒服。公平地讲，大部分孩子这么做的时候，甚至是无意识的。父母一定要了解，这种触摸绝对不是手淫，只是孩子让自己安静和放松下来的一种方式而已。一定不要为此呵斥和羞辱孩子，而是要不断地提醒孩子，告诉他不能在众目睽睽之下就这么堂而皇之地摸自己的私处，这样做不合适。你可以在陪孩子洗澡或者如厕的时候提起这些，叮嘱孩子在浴室或卧室能做的事，在客厅或超市里是不能做的。

保护自己的身体：别人不能碰你的隐私部位

"如果有人未经允许触碰你的隐私部位，赶紧离开他去告诉父母！"孩子往往不是真的知道身体哪些部位是绝对不能让别人碰的。要明确告诉儿子，他的阴茎、睾丸、肛门是别人不能碰的；告诉你的女儿，乳房、阴部、肛门是非常隐私的部位，任何人包括爸爸妈妈，没有经过允许都不能触碰。对这么大的孩子来说，唯一例外的场合应该是医生给他们检查身体的时候，不过这样的时候，监护人必须在场。还需要明确跟孩子强调，任何人，包括他的朋友都不能向他提出摸摸隐私部位的要求，谁都不能摸。

　　　　任何人没有经过他的允许都不能随便摸他的隐私部位。

要向孩子强调：身体只有自己有权利支配和做决定，其他任何人都不行。教给孩子当有人想看他的隐私部位，或者有人主动暴露自己的隐私部位，又或者有人让他去摸别人的隐私部位时，他应该如何应对。首先，不要害怕，不要惊慌失措。如果对方对孩子说："不能告诉爸爸妈妈哦，这是个秘密！"之类的话时，该怎么处理。告诉孩子，上述情况中的任何一种发生时，一定要明确拒绝对方，赶紧离开那个人，马上来告诉爸爸妈妈。这样的日常教导不能说一定可以杜绝坏人对孩子的性侵犯，但是会让孩子知道，只有他拥有自己身体的权利,他要学会保护自己的身体,碰见侵犯时态度坚决地维护自己、拒绝侵犯。

先说"不行",然后去告诉爸爸妈妈

游戏和活动

出生时的故事

孩子都会对自己出生时的故事特别感兴趣,那就讲给他听。讲这些故事的好处在于可以帮助孩子更形象地知晓小宝宝在妈妈肚子里是怎么长大的,又是怎么生出来的。你可以给学龄前的孩子增加点难度,不但要求他自己讲述,还可以用提问的方式帮助他不断把注意力集中到自己讲述的故事上，并引导他讲得越来越完整。这么做不但非常有趣，而且培养了孩子叙述故事的能力，加深了孩子对宝宝从哪儿来、怎么出生的这个过程的理解。

分享宝宝成长记录

你家里应该有宝宝的成长纪念册吧，可以跟孩子一起分享你为他做的成长记录，顺便聊聊婴儿是从哪儿来的。如果你还保存着孕期的B超图和孩子婴儿时期的那些照片，可以一起拿给他看，让孩子形象地了解自己是如何在妈妈肚子

里长大，妈妈是怎么把他生出来，又是如何把他养育到现在这么大的。要是家里没有这样的成长纪念册，也可以去图书馆借或去书店买几本带有精美插图的关于怀孕和宝宝诞生的书。和孩子坐在一起阅读，大家都会非常享受回忆过去的温馨，孩子也一定更愿意在这种时候向爸爸妈妈提出平时也许不太好意思提的那些关于婴儿是从哪儿来的问题。

去郊区的农场

孩子在有动物的环境里很容易就有机会看到动物的自然繁衍。比如领着孩子去鸡圈里观察小鸡是怎么孵化的，到池塘里捞点小蝌蚪看它如何变成小青蛙。去动物园玩也是很好的选择，在动物园的小商店里买条金鱼或买只小仓鼠带回家观察。不然就带他去农场观察自然界里生命是如何开始的。他就能把你们谈话中那些抽象的概念和看到的情景结合起来，更好地了解婴儿是从哪儿来，又是怎么出生的。

等我长大了，我要做什么

这个游戏的目标是让孩子去想象他长大后会做什么、想在哪里生活、从事什么职业等。玩的时候大家轮流做主角，

说说自己长大后会成为什么,可以是成为一个爸爸,也可以是变成一只蜥蜴!其他的人就可以问问他,想做什么工作,在哪里生活,最想干些什么等。对这个年龄的孩子来说,这是一个非常有趣的游戏,因为他们心中充满着奇思妙想,也真的相信自己长大能变成一条蜥蜴!

发现生活中的感动

这个游戏的目标是让孩子学会洞察和感受来自他人的关爱、尊重和宽容的举动,在游戏过程中把一些良好的品质逐渐强化和灌输到孩子内心深处。当你观察到孩子对朋友很友善的时候,就应该马上表示你注意到了这一细节,然后表扬他:"我发现你会把自己心爱的玩具和朋友分享,你真的很棒!"帮助孩子关注家庭成员之间那些饱含爱与尊重的小细节。父母如果经常这样做，孩子们也会潜移默化地受到影响，从而更好地强化孩子内心的爱和宽容的品质。

问： 我有一个5岁的女儿和一个3岁的儿子，我发现儿子和他姐姐一起洗澡时，阴茎有时候会竖起来，还能让他们继续一起洗澡吗？

答： 如果你或者你的女儿感觉非常不自在，那么就考虑别让他们一起洗澡了；如果没有那么严重，你正好可以利用这个一起洗澡的机会回答女儿或者儿子可能提出的一些问题。每个家庭都有自己能承受的一些特殊情形，只要大家都觉得相安无事，怎么做都可以。这一次，你也得根据家人是否觉得安心来判断和决定这件事应该怎么做。

问： 我的女儿已经6岁了，但是从没有问过我关于宝宝从哪儿来之类的问题。现在到了该上学的时候，我不想让她到了学校里听大孩子们谈论有关性的话题时大吃一惊。但是，我又觉得也许是她还没有成熟到想了解这些问题吧,不然早就跑来问我了呀。我觉得她准是还没有想过这个问题,我该怎么办呢?

答: 首先,别轻易下结论觉得你的女儿对宝宝是怎么出生的这类问题不太感兴趣,或是她在这方面一无所知,也许不管对错,孩子都知道得不少呢。几乎所有这个年龄的孩子对宝宝是怎么出生的都已经有了模糊的概念,对他们自己的身体也有丰富的认识。据我判断,她应该只是觉得很不好意思向妈妈提出这样的问题而已。你可以利用你们在一起的时候,比如开车的时候、散步的时候、在沙发上嬉戏的时候,问问她知道不知道宝宝是从哪儿来的,接下来你就可以把一切都告诉她了。当然你要边聊边根据实际情况,随时调整你们对话的方向。

问: 5岁的儿子非常热衷于玩装扮游戏,可不光是打扮成超人或是坏小子,什么服装他都有兴趣穿戴,甚至包括女人的裙子和时装帽子。这件事让我有点担心,我该怎么办?

答: 从这个问题可以看出,成人其实都有性别成见。起码来说,仅凭男孩喜欢穿着打扮,可不意味着他混淆了性别,也不能说明他有同性恋倾向。这个年龄的孩子对融入现实世界非常着迷。不要训斥孩子，应该鼓励他说说为什么他喜欢打扮成士兵的样子，又为什么喜欢穿爸爸的鞋子或是戴妈妈的帽子，也许孩子有充分的理由，有着过人的审美天赋呢。

问： 有一次我带着4岁的儿子在银行办事，他忽然大声宣布："我想和ATM机做爱！"我当时尴尬得恨不能找个地缝钻进去，真的不知道如何应对，只好假装没听见，不搭理他。我也不知道这么做对不对，可是不这么做又能怎么办呢？

答： 别紧张，这样的情况几乎所有家里有这么大孩子的父母都会遇到。孩子们通常会一股脑地把自己刚学来的新知识、新词汇混搭着用到生活中的各处去，却未必知道自己用的合适不合适。你可以在事后问问儿子从哪儿听到这个词的？他明白那是什么意思吗？通常孩子们都不知所云。你当时处理的态度很好，因为父母的过度反应会引起孩子更大的兴趣，强化了他对这些词汇的印象，孩子就变得特别喜欢，频繁地说，然后为了引起你更多的关注，还会去学更多其他让人难以接受的性方面的脏话。想办法让孩子知道他那么说是不合适的就可以了,其实孩子说起"做爱"跟说"臭鼻屎"这样的话时没太大区别,大人不必大惊小怪。

问: 4岁的儿子经常和邻居家几个年纪相仿的孩子一起玩,昨天邻居孩子的妈妈打电话来说看见这几个小孩脱了衣服光着屁股,触摸彼此的隐私部位,她不以为然地笑着说这是孩子们在玩扮演医生的游戏。但是我可不这样想。我不想让孩子给别人看他的隐私部位,也不想让他去摸别人的身体。我该怎么防止这样的事情再次发生呢?

答: 看来你需要专门给孩子讲讲身体的隐私部位是怎么回事了,不要羞辱或斥责孩子和他的朋友们一起玩扮演医生的游戏,但是要尽快让他知道自己的隐私部位不能随便给别人看,也不能随便让别人摸,他也不应该去看和摸别人的隐私部位。要让孩子信任你,让他知道有任何关于身体的问题都可以随时向你求助。为了避免类似状况再次发生,你应该积极地采取一些办法,比如孩子们在自己房间游戏的时候不能关门,这样你随时都能听到他们讨论什么和在玩什么样的游戏。另外,你还要做的是,去和邻居的那位妈妈沟通,告诉她你对这件事的态度和你的感受。

学龄前的孩子应该了解什么

以下是一些学龄前孩子应该了解的身体结构以及身体是如何工作的内容，仅作为参考。在这个年龄，性只是意味着性别、性别角色、身体功能和工作原理。

- 已经知道他的性别是固定的，比如认定男孩永远是男孩，但内心的理想还会继续带有稚气的童话色彩，比如坚信自己长大了会变成一只雄蜥蜴！
- 会对身体的组成部分感兴趣，愿意做更多的了解，尤其是对那些有关生宝宝的器官和生宝宝的过程。
- 不能觉察到性是个人的隐私，提问时会毫无顾忌、口无遮拦，不能体会大人为什么会觉得不好意思，也不理解你的尴尬。
- 会对自己身边的世界和认识到的自然规律感到无比好奇，尤其是跟自己的身体相关的那些事情。
- 不能理解性知识的相关类比，但是能理解动物行为和人类行为之间的对比。（比如当他看到狗妈妈和狗宝宝一起，也会联系到妈妈和自己。）
- 需要父母不断地帮助强化与人相处时的一些规矩。（比如去洗手间应该关门，不能让其他人触摸自己的隐私部位。）
- 大小便之后，还得需要爸爸妈妈帮忙清洁。
- 洗澡的时候可能想独立完成，不喜欢大人在场，爸爸妈妈应该尊重孩子的这种要求，但出于安全考虑，别离得太远。
- 学习时只能理解可以被具体演示的概念和事物，所以更需要用具体的行为来学习理解一些抽象的概念。（比如被人拥抱的感觉就是爱。）
- 很可能会表示想和妈妈结婚或者嫁给爸爸，应该接纳这个阶段孩子特有的感情表达，这是他对你的赞美，也是孩子爱你的表示。
- 有时会抚摸自己的隐私部位（但并不是成人所谓的手淫），你需要做的就是明确告诉孩子什么时间、什么地点才可以那样做。

Chapter 3

第三章

6~9岁的小学生：
强调身体隐私的相关原则

"呃，接吻看上去好恶心！"

8岁的女儿约了一帮朋友在你家过夜,十来个小姑娘把自己裹在睡袋里看着偶像剧。她们目不转睛地盯着电视,当屏幕上的男女超人开始热吻的时候,女孩们异口同声发出刺耳的尖叫,其中一个做出一副很懂的样子开始讲解:"看,他们开始接吻了,然后他们就该脱掉衣服做爱了,真的好恶心!"所有女孩,包括你女儿在内,又一起尖叫起来,她们一边钻进睡袋,一边狂笑不止。等电视里那个亲热的镜头一过去,她们又从睡袋里重新钻出来,互相示意安静点,还要继续看呢。你有点不知所措,赶紧走进厨房去弄点爆米花什么的给孩子们当夜宵。你在心里嘀咕,不知道女儿和这几个小姑娘对接吻、做爱之类的事情到底了解到什么程度,要是女儿明天早晨问起这类令人尴尬的问题你该怎么回答。

本章讲了什么

在这一章，我们会帮助你和上小学低年级的孩子讨论什么是"性"，他们的身体有哪些新变化，他跟同学朋友之间的相处会发生些什么变化等。如果你还从没跟孩子聊过关于性的话题，现在绝对是时候了。这么大的孩子最喜欢听到的是事实，真正的事实以及更多的事实。低年级的小学生们正在从学龄前既具体又规矩的世界迈向既懵懂又迷茫的青春期，这时候父母们要尽早形成和孩子之间良好的沟通习惯，不然到了高年级，孩子与父母之间的沟通之门将瞬间关闭，大事小事都对你绝口不提。眼下这个年龄正是帮助孩子更好地了解自己的身体，知道自己身体正在发生和将要发生的变化，并且是初步认识性行为等问题的最好时机。

基本概念

- 性别的恒定性和性别差异
- 男孩和女孩的社会差异
- 身体某些部位的双重功能

- 人类生育的基本原理
- 规则的建立和延展

性别强化：男孩会一直是男孩，女孩会一直是女孩

6~9岁的孩子会觉得逻辑和规则就是最重要的事情。这个年龄的孩子渴望了解事实和自然的规则。对他们而言，世界上任何事情非黑即白，也就是说，如果一件事情不能被合乎逻辑地解释，那么这件事就不存在。大多数孩子在这个年龄开始不相信圣诞老人会从烟囱里来送礼物这件事。因为他们可以推断出这里面有太多不合逻辑的地方：这个老头怎么可能一个人做出那么多玩具，又怎么可能了解每个孩子的心愿，还能在一个夜晚跑遍全世界，把礼物送到每家每户的圣诞树下，这个过程中没有他们眼中合理的逻辑存在，于是从此就不再相信这个之前深信不疑的说法了。在这个年龄段，孩子的接受模式跳转成了"不相信，不接受"状态，不再像小时候那样对大人言听计从了。

到了这个年龄，孩子会意识到他们的性别是不会变的，男孩会一直是男孩，女孩会一直是女孩，不管你穿什么衣服或做什么。

这么大的孩子用他们观察和诠释世界的方式来重新认识自己。他们开始否定自己小时候那些无边无际的奇思妙想，比如自己长大就能变成男生或者变成女生，甚至于能变成动物之类的念头。你的孩子从此再也不会告诉你他长大了会成为一只蝴蝶或一个精灵，他已经意识到无论他穿什么衣服或做什么，男孩就是男孩，女孩就是女孩，再也无法改变。要是你很不合时宜地提起女儿从前的梦想是生活在充满泡泡房子的仙女国度，她会鄙视你，觉得你脑子进水了，无论如何也不愿意承认那是她的旧日梦想——因为那些想法不合逻辑，不可能存在，简直是异想天开！

男生女生有了各自的小团体

孩子小的时候，性别不同对他们而言仅仅是身体的某个部位不同，他们一起玩的时候并不会特别介意谁是男孩，谁是女孩。可是等他们上了小学，情况就开始不同了。女孩开始只喜欢跟女孩一起玩,而男孩更愿意和男孩一起玩,他们之间的关系自然也发生了变化。女孩更多的是和亲密的女孩朋友一起,她们有自己的小圈子,这种关系有着强烈的情感成分。所有女孩的妈妈应该都听过女儿关于"谁谁谁抢走了我的好朋友"这样的抱怨。而男孩倾向于更宽泛而松散的朋友关系,这种朋友关系更多建立在共同的兴趣或活动上,而不是内心的感情。

大多数这个年龄的男孩子不会聚在操场上三个一堆、五个一群地谈论他们有多喜欢哪个朋友或是特别讨厌谁,他们更热衷于成群地拉扯打闹,模仿动画片里大家印象深刻的打

斗场景，互相追逐玩耍。

女孩们喜欢聊天，男孩们喜欢行动。

女孩和男孩的不同体现在很多方面，在和他们谈及身体和性的话题时区别尤为明显。这个年龄的女孩更喜欢表达，而男孩喜欢行动。你会发现，跟女儿基本可以很顺畅地讨论与她的身体或者性有关的话题，虽然也不太理解这些小女孩为什么动不动就为这样的话题大惊小怪。你也会发现，儿子根本就三缄其口回避这类话题，也不会跟你提起任何身体的变化，也有可能他自己根本就没注意到。女儿开始更多地依赖和沉迷在同性朋友的友谊中，而不是跟妈妈谈论这些事情；男孩面对大人提起身体和性的话题时虽然显得沉默，却特别喜欢跟同伴说些有关身体的笑话，"不给糖就捣蛋，闻闻我的臭屁蛋，还得请我吃顿饭"，这些大人们听起来匪夷所思的小段子，却是低年级男生乐此不疲的经典玩笑呢。

对性器官的解释，只讲孩子能理解的内容

当孩子小的时候，他们也会对男孩女孩有不同的性别器

官感兴趣,但仅限于了解男孩有阴茎,女孩有阴道这样的信息而已。对于年幼的孩子来说,性别器官只有两个作用:作为浴室笑话的极好素材,以及在浴室里实际使用。

可是等他们八九岁上了小学,会对身体的这些部位究竟是用来干吗的,到底是怎么回事,继而对男女不同的性器官是如何接触的、会发生些什么,变得非常感兴趣。你的孩子开始理解(或者还有点着迷地发现)原来男孩和女孩在生理上是非常不同的,原来性器官不只能用来小便,还会在生育宝宝这件事上发挥作用。

当心孩子身边的"性"专家

孩子们身边通常都会有几个被称为"性"专家的小朋友,他们看起来能回答一切同龄小孩提出的关于性的问题。尽管毫无疑问,这位小小的"性"专家的答案都是一些似是而非的解读,可是孩子们却会非常信任他,因为他们这个年纪就是盲目信赖朋友的阶段,无论朋友说得多么荒谬,在孩子眼里看起来都是那么完美和智慧。所以,如果你不想让儿子发愁地以为自己的阴茎会越长越小直到有一天变成一颗干巴豆子,也不想让女儿坚信只要她跟两个男生单独待在一个房间里就会怀孕的话,你就必须做点什么,让自己成为孩子的"性"专家。

这个年龄的孩子已经可以理解婴儿是如何出生的,身体的哪些部位参与了"制造"孩子的过程,以及在这个过程中身体的各个部位都起到了什么样的作用。给孩子讲述婴儿是如何孕育、出生的过程时,可以先进行简单的事实描述。不用一股脑儿说完整个过程,只讲解孩子能理解的内容就行,一边解释一边观察孩子的反应,再决定是否需要继续和深入讲解。比如,你告诉儿子:"有些时候你的阴茎会变硬,那叫勃起。当你长大了决定要个孩子的时候,阴茎勃起是必需的。"如果听到这儿他看起来已经显得很不耐烦了,开始胡乱抠着沙发坐垫或者心不在焉地不断偷偷瞟着门口,那你就可以结束讲解了;如果此时他看起来还有兴趣接着听,你就可以继续讲:"等你从男孩变成了男人,你的睾丸会逐渐长大,里面就会产生精子。那时候作为大人的你要是想生个小孩,就可以把你的阴茎放入妻子的阴道,精子会从你的阴茎里射出,进入她的卵子,这样你们就能生小孩了!"

每次讲些孩子能理解的就可以了!

如果你是在和女儿聊这件事,可以这么说:"过不了多久,你会迎来你的第一次月经。每个月,你的阴道都会有几天出血的情形,那就是月经。有了月经代表着你已经长大了,身体做好了以后生宝宝的准备。等你成年了,如果你和丈夫决定要生个小孩,他会把阴茎放入你的阴道,并释放出精子,这些精子将与你体内的卵子相遇,产生受精卵,受精卵会慢慢长大成宝宝!"

一直保持这样顺畅的沟通就很好。

孩子听到这些信息之后应该会有不少问题想问,通常他们的反应分两类:有些爱表达的孩子会追着你没完没了地提问,有些孩子却对这种内容很敏感,感觉太尴尬,拒绝再聊下去。不管怎样,重要的是你必须和孩子开始这样的对话,要尽量在家中保持顺畅的沟通,彼此都能有机会提问。孩子通常只问他想知道的事情,他不想知道的就完全没兴趣听。所以,当你滔滔不绝地给他讲述什么受精、着床的过程时,如果孩子明显心不在焉,那就表示你讲得太多了,已经超出了他目前想知道的了。

还是很喜欢摸……

6~9岁的孩子中,还是有不少孩子喜欢触碰自己的私处,这种做法仍然不能算作手淫。你也许会看见孩子在操场玩的时候,在客厅里看电视的时候,

> 或者随便在屋里什么地方,不知不觉地伸手去拉扯自己的私处或者来回摸索私处。但是,总的说来,这个年龄段的孩子还是不能够意识到他们在做什么。和青春期的手淫区别在于,这种触摸没有任何目的,不是因为身体发育成熟而寻求性器官的快感和刺激,仅仅是因为他们感觉挺舒服而已。

认识到身体的某些部位有多种用途,对孩子来说,眼前仿佛展开了一个全新的世界。男孩开始因为了解到精子也是从阴茎里出来的,而去重新认识自己的身体。他发现睾丸竟然能产生精子,而不是用来摸着玩和存储尿液或是其他什么有趣的用途,这会让他有一种发现新大陆般的新奇。对女孩来说,她们会更觉得惊讶,讨论婴儿是怎么出生的和了解到整个具体过程完全是两码事。因为女孩的性器官很难直接看到,你的女儿之前可能根本不知道小便是从尿道而不是阴道尿出来的,现在才弄明白原来那是完全不同的两个出口!另外,难以置信的是婴儿居然也是从那么狭窄的阴道里分娩出来的。天哪，那么窄小的通道，婴儿究竟是怎么出来的呀？其实对小女孩来说，更加震惊的是，她知道原来长大后得有阴茎进入身体才可能怀孕，如果只是男生站在身边或者碰到男生的手是绝对不会怀孕的。

这些信息对于那些跟异性坐在一起吃午饭都会感到如坐针毡的男孩女孩来说，简直太重要了！不过可别指望他们能一次就理解和接受你讲的这些新知识。他们之前可能已经听说过很多相关的信息，而且他们深信不疑，如今你这么说，他们可能还会觉得你在危言耸听呢。他们对你的这些新说法也不见得真感兴趣，曾经从朋友那里得来的错误信息也许已经根深蒂固，想一时半会儿就改变他们可没那么容易。但是，作为父母，一定要坚持，绝对不能放任不管，不能让孩子就这么随意听信朋友告诉他的那些"知识"。你得找机会把事实告诉他，也得给他时间让他慢慢消化。在这个过程中，你得不断寻找合适的时机、尝试合适的方法去解释，让孩子有机会建立正确的认知。要尊重孩子的感受，宽容孩子的无知，用开放的心态和孩子聊天,也要耐心地做孩子的听众。

大题要小做

尽管父母都知道必须和孩子进行这方面的交谈,有时候却真的很难找到合适的时机。但是作为父母,就必须这么做,所以要想办法创造合适的机会,选择合适的地点,展开你们的谈话。切记一定要"合适"!比如,晚上7点在客厅,你突然打算和孩子敞开心扉好好谈这个问题,孩子就会觉得莫名其妙,不知道你为什么突然把他叫到客厅来听你演讲,也不理解为什么你毫无理由地让他错过他最爱的动画片时间。所以,千万别这么做。因为事实上,你犯了和很多年轻父母一样的错误。没错,这是一个很严肃的话题,但是,对这么小的孩子,摆出正儿八经的架势,通常都得不到想要的效果。不要企图谈一次话就彻底解决所有问题,性教育是一

> 个漫长的过程，需要经过很多次或长或短的对话，很多次提问和应答，甚至包括生活中那些表面看来很随意的品头论足，都可以寓教其中。在孩子成长过程中，我们需要经历无数次的沟通、无数次的倾听，才能达到我们最终的目标，就是保持跟孩子之间畅通无阻的交流！

尽早促成和孩子关于性的良性沟通

不管你的孩子是开朗健谈的，还是沉默寡言的，或是两者都有点，你都要尽早主动促成你们之间的良性沟通方式，这点非常重要。一旦孩子上了小学，父母们都能很快发现他们在很多事情上更乐意求助于同学和朋友，而不再是找爸爸妈妈寻求帮助和支持。如果之前和父母之间没有养成好的沟通习惯，这时候孩子可能压根不想和你讨论问题，包括关于性的话题，却会乐此不疲地和他的同学、朋友们聊，那么，他们就有了各种各样错误信息的来源。

不论男生还是女生，都会觉得对方是外星人。

当然，你的孩子也有可能是那种，会很坦然地走过来直接对你说："妈妈，给我讲讲和性有关的事情吧。"如果是这样，真是太好了，你可以顺理成章地马上开始你曾经设想过的理想的对话。但是事实上大多数孩子不会这样，你必须自己去寻找更容易引导孩子展开这类话题的机会。如果你的孩子活泼外向，你不妨主动问问他，知道宝宝是怎么生出来的吗？或者干脆问问他知道什么是性吗？孩子的答案通常会令你大吃一惊，因为不知道他们从哪获得了那么多错得离谱的信息。如果你的孩子安静内向，直截了当地去跟他聊这个话题效果肯定不好，那就得换个方式。比如买一本有插图的适合孩子阅读的介绍孕育过程的书，事先放在孩子容易发现的地方，比如他的卧室、客厅，甚至浴室里。让他有机会恰巧"遇见"这本书，自己拿去读，然后你就可

以借着这本书，开始尝试跟孩子进行这类话题的交流。这样，你们就有一些基本话题可以讨论，核心内容当然来自大家都看过的那本书，这一点很关键，这样聊天的焦点就会落在书上，而不是孩子或你身上，这会让谈话更顺利。

妈妈，我喜欢上别人了——开始"爱"的游戏

还记得那些旧日的美好时光吗？女儿信誓旦旦地说长大了要嫁给你，希望跟你一起在她的小床边带着心爱的毛绒玩具，永远过着幸福的生活。可惜，那样的好日子已经结束了。孩子们一上学就会发现，原来除了爸爸妈妈，世界上还有那么多可以喜欢的人。孩子们开始陷入"他喜欢她，但是她却喜欢别人""妈妈，我喜欢他，我可不仅仅是喜欢他而已"的童年爱情模式中。低年级时，这样的喜欢基本是柏拉图式的，或许有很具体的标准，但又变化无常，

爱情持续的时间大都很短暂。你的儿子或女儿也许会不断地变换喜欢的对象，或者连自己到底喜欢什么样的类型都懒得多想。不管怎样，都属于正常范畴，不用大惊小怪，这些表现绝不代表他们长大后会如此行事。

和孩子谈谈性的基本技巧

保证一个棘手话题能顺利沟通下去的重要技巧是：不要提那种用简单的"是"或"不是"就可以回答的问题。不然你就会被卡在那儿，难以继续你们之间的谈话，比如，你问孩子："你知道什么是性吗？"他回答："知道。"你只能说："好吧，我就是想问问你知道不知道，那咱们下回再聊。"你看，这样的交谈未果而止，完全没达到目的。

最好的方法是，尽量选择一些答案具有开放性的问题，这样就不至于让孩

子一两句话就宣告谈话结束。在你提出问题的过程中,还要学会从他的回答中不断找到新的线索,以继续你们之间的探讨。比如,对孩子说"那你再给我讲讲你是怎么想的""为什么你这么想呢""这点我觉得有意思,你接着说",这样的引导词可以帮助孩子逐渐学会一边思考一边与人交流,也有助于你们之间的对话更顺畅。

可以帮助你继续跟孩子聊下去的问题

- 你知道宝宝是怎么出生的吗?
- 你知道身体长到什么时候就能生宝宝了吗?
- 你觉得性是什么?它是什么意思呢?
- 你知道你长大后身体会有哪些变化吗?
- 关于_____方面,你有问题想问我吗?
- 你知道为什么你的身体会有这样的变化吗?
- 你知道女孩/男孩的身体会发生什么变化吗?

和孩子谈谈性及其他敏感话题的最好时机

如果你还是没能找到很自然地和孩子谈论性的机会，或是你问了一两个问题就无法再继续下去，可以看看下面这些建议：

在车上：如果你在专心开车，孩子在一旁安静地发呆，你们俩其实就正处在一个封闭的、稳定的、适合聊天的环境中。路程越远，一路聊下去的可能性就越大，正好趁机跟孩子好好聊聊你想说的主题，但是一定要注意技巧，保持气氛。

在路上：和你的孩子外出远足一起走在路上的时候是比较好的聊天机会。一般来说，人在运动中或者做着什么事情的时候精神上比较放松，会更容易接受那种敏感或尴尬的话题。

看电视或电影：一起看电视或电影的时候也是非常好的机会，聊起平时生活中不容易提及的关于性的话题也比较自然。下次，当电视剧里的男主角说女主角真性感的时候，出现了你认为合适或不合适的与性相关内容的时候，某些情节让你觉得影射到性（那种丰满的胸部之类的镜头除外），这样的时刻，其实都很适合和孩子提起类似的话题。对孩子而言，在跟自己无关的情景中提起那些敏感的话题时，会显得比较容易接受，也会比较容易继续。

读书的时候： 准备一本性教育相关话题的书，搁在家里容易被孩子发现的地方，让孩子自己有机会去研究阅读。因为很多关于性的问题就算是最健谈和外向的孩子也不好意思问出口。有本书就好很多，你可以选择跟孩子独自安静相处的时间，比如临睡前，你们一起翻翻那本书，就书论书地聊聊。跟看电视的时候一样，大家只是针对书里的内容谈论和提问，而不是针对你们自己，这样他会感到舒服很多，也乐意跟你探讨更多。

爱就是拥抱和亲吻吗

给 6~9 岁的孩子解释性的问题，最有趣也最具挑战的就是他们是"具体"的学习者，他们喜欢把很多抽象的概念转化为可以看见、触摸到、感觉到的东西才能理解，而且很固执地认为每件事都有其来龙去脉。在这个岁数的孩子眼里，"爱"得变成非常具体的表现，必须能看得见摸得着，他才能理解那是爱。如果你问这么大的孩子什么是"爱"，他们一定会告诉你在他们眼中哪些举动代表了爱，因为他们现在就是这么定义抽象概念的！

这个阶段，想让孩子理解什么是爱，最重要的方式是言传身教，比如，表现你对他的爱，就给他大大的拥抱；表现父母之间的爱，也要让孩子看到父母在拥抱和亲吻；经常说"我爱你"向孩子和家人表达你爱他们；家人之间互相照顾，彼此善待和尊重。你的这些表达爱的方式会深深地影响孩子，他们会看在眼里，记在心里，知道表达爱是多么重要，以后长大了也会像你这样去表达自己的爱。同样，在成年后处理错综复杂的与性有关的一切问题时，这种潜移默化的影响也将帮助他们理解感情和亲密关系在复杂的性关系拼图中扮演的重要角色。另外，很显然，父母在家庭中关于爱、呵护、善意和尊重的示范，可以减少日常电视、游戏和电影里暴力情景对孩子的不良影响。

父母的良好示范,可以减少日常生活中那些暴力内容对孩子的不良影响。

强化孩子对身体隐私的认识

要强化孩子关于自己身体的界限意识。再次提醒孩子,身体是他自己的,任何人都不能触碰他的隐私部位,除了医生在特定情况下并在得到他的允许时才可以触摸。他也一样,在任何情况下都不能随意去触摸别人的隐私部位。如果遇到有人提出想要触摸他的隐私部位,或者想让他去看或者摸别人的隐私部位,他都应该坚决拒绝,并且尽快告诉父母发生的一切。从小就要不断告诫孩子,自己的身体只有自己有权利做决定,也就是说,让孩子知道这个世界上无论大人还是小孩,甚至是父母都不能侵犯他的身体。

尊重自己和他人隐私

现在你的孩子已经大概了解有些隐私话题只能在浴室或者卧室这样的地方私下讨论,以及关于隐私部位的一些规矩,比如,自己可以触摸但要在私密的场合,其他人不能触摸自己的隐私部位等。但是作为父母,我们要继续帮助他们明确和强化关于隐私的界限。告诉孩子,当他上洗手间、换衣服、洗澡时应该关好门,其他人必须得到他的允许才可以进入。

当然，如果他要进入别人的房间时，也务必敲门并得到允许。设置这些规矩不仅仅是提醒孩子在洗澡的时候锁好门，免得到时候又会大叫："爸爸，弟弟又进浴室了，我还在洗澡呢！"更重要的是逐渐向他灌输成人世界里在事关性和身体表达情感时要有底线、有原则的意识。这些底线和原则可以帮助孩子顺利度过懵懂骚动的青春期，因为在接下来的日子里，界限和隐私将成为家庭矛盾的主要潜在根源。

> 孩子开始注意到其他孩子的不同，喜欢评价别人，甚至取笑别人。

对6~9岁的孩子还需要特别强调的是，要学会宽容别人。这个年龄的孩子已经开始注意到其他孩子与自己的不同了，喜欢评价别人，甚至取笑别人。要教育孩子，无论何时，都应该宽容。如果你发现孩子在言语刻薄地伤害别的孩子，即便不是有意的或者纯属意外的情况，也要专门找时间跟孩子谈谈这个问题，告诉他不应该对别人的长相和言谈举止评头论足，应该做个宽容厚道的人。不要只是简单地训斥孩子"不许嘲笑丹娜，说她是爱哭精""不能管莉莲叫肥猪"，要具体引导孩子做简单的换位思考——假设她就是丹娜或者莉莲，被人这么嘲笑贬低的话会觉得好受吗？这样做会让孩子有实际感受，再说服教育就容易多了。

> 大人们随意评价别人，会给孩子带来不好的暗示和不良的影响。

比起长篇大论地教育孩子待人要宽容，身为父母的你其实更应该以身作则，给孩子做出宽容的榜样。不时地提醒自己不能在孩子面前随便评价别人，比如褒贬别人的性取向，或者言辞中流露出性别歧视，说"女司机就是不行"，或是看似没什么恶意地开玩笑说别人的发型傻乎乎的，你的这些示范，会让孩子觉得虽然不能嘲笑某个认识的人，但是可以对其他不相干的人指指点点。你需要教给孩子的是学会如何尊重所有的人。你也许不知道孩子对这样一种开朗、乐于接纳的处世态度究竟能领会多少，但是当他长大成人后，宽容的品质一定会对他的生活产生巨大影响。

游戏和活动

洞察关系游戏

这个游戏的目标是让孩子认识和理解在不同的人际关系中什么是合适的行为。和孩子一起读一本书,或是看个影片,根据故事情节的发展设计一些关于故事里的主人公之间关系方面的问题。在看完书或影片的时候,就可以问问孩子,比如,故事里的男孩和女孩拥抱或是手拉手意味着什么?如果看到电视剧里的男人和女人在接吻,问问他知不知道这样的亲吻和妈妈亲吻孩子有什么不同呢?这么做是为了让孩子更直观地理解什么样的关系在什么样的场合才可以做出什么样的行为。这时候你会发现,孩子常常会说出一些很有趣的见解,你可以趁机知道他对人与人之间不同关系的细微差别了解多少,而且还能让你有机会告诉孩子在你的家庭里什么情况下怎样的行为才是合适的。

角色转换游戏

教导年幼的孩子宽容和尊重他人的好方法是鼓励他们站在别人的立场上思考问题。让他们在心里和其他人交换位置,根据他们自己的行为问问题。他们希望别人盯着他们看吗？他们需要别人告诉他们自己的不同之处吗？还是他们已经知道了？他们希望别人注意到他们的什么？这是一个孩子们玩得非常好的游戏。你会惊讶地发现，当他们站在别人的立场上思考问题的时候都是那么地善解人意和通情达理。

让家人惊喜的事

这个游戏帮助孩子了解真正相爱的人之间会互相关心，敏锐洞察对方的真正需求，彼此互相照顾，这其实就是爱的本质。可以时不时地为你的伴侣做一些让对方感觉幸福的事。比如买一束花，一起打扫厨房，共同做一顿特别的晚餐，总之，任何能让伴侣开心的事，让孩子也参与进来，和你一起做，让他们从小就有机会体会这种情感上的互动。这样的言传身教是帮助孩子成长的最好方式。

谁是乖小孩

这个游戏的目的是帮助6~9岁的孩子全面了解各种界限，包括私人空间，身体隐私的界限，以及怎样才是适度的言谈举止。玩的时候可以设置一个情景，然后让孩子自己来解决遇到的一些侵犯隐私的问题，问问孩子打算怎么做。比如，当有人在使用洗手间的时候，哪怕这个人是你不懂事的小弟弟，你是应该直接闯进去呢，还是先敲门呢？孩子回答之后，你可以就他的回答做出积极反馈，帮助孩子认识和了解各种与家人、外人相处的规矩和界限，强化社交中必须要尊重各种规矩的重要性。

问与答

问： 我的女儿8岁了，不过和同龄孩子比起来非常晚熟，她从来没有跟我提起过任何关于性和男孩的话题，也从没问过我小孩是怎么出生的这样的问题。我想她应该属于发育比较晚的女孩。要是现在跟她谈论月经或者建议她穿少女文胸之类的事，会不会太早了，我应该等等看吗？这样会有什么坏处吗？

答： 每个孩子的成长速度都或多或少有些差异，你的女儿目前可能确实对这方面的话题不感兴趣。你要等她开始想戴文胸、有兴趣跟你打听月经的时候再跟她讨论也没有问题。

不过，要提醒你，不要认为她从没在家跟你提过这些，就代表她没想过或者在学校的时候没听同学谈论过。有个办法你可以试试，去买本适合她这么大孩子看的介绍身体的科普书，放在她的房间里或家里任何触手可及的地方，让她自己"碰巧"读到这本书。这本书也许会引发你们之间关于性的对话，或者让孩子有兴趣提出她以前从来没有想过的问题。

问：我的儿子和他的朋友经常会开一些关于性的双关语的玩笑，不过我觉得他们多半不理解那些词语的真正意思。比如那天，他的朋友说："噢，你在和沙发疯狂做爱呢吧！"然后他们一起大笑起来。我想儿子并不真正知道他为什么被大家取笑，也没弄明白"做爱"是什么意思，只是追随朋友们而已。我需要给他解释一下，还是置之不理呢？

答：你描述的这个情景可以说明两点，一是你的孩子现在其实对了解有关性的知识很有兴趣，二是他更喜欢跟他的朋友交流这些，而不是你。建议你找个合适的只有你们两个人的时机，比如一起驾车外出，晚饭后一起散步，一起看电视的时候，假装不经意地提出你的疑问。用本章所提及的一些交谈技巧告诉孩子"做爱"到底是什么意思。在这样的对话中，你会发现孩子其实可能有很多想问的，或者至少有兴趣了解之前从来没跟你讨论过的关于身体的问题。还有个更好的办法是为孩子买本书，书里最好有孕育宝宝的过程和身体结构的图片，可以让孩子先自己阅读，然后你再找他一起讨论他的一些疑问。最后，记得要提醒你的儿子，学会分辨在什么场合什么时间说什么样的话才是适合的。

问: 9岁的儿子会非常直白地告诉我关于他自己身体的一切，有些其实是很隐私的内容完全，不必说给人听。我应该怎么做才能既提醒他要有分寸，又不妨碍他以后继续跟我分享呢？

答: 你纠结的其实无非就是如何帮助孩子理解隐私的界限。首先你要清楚地告诉孩子，你愿意陪他分享成长过程中的一切秘密和变化，也为他的成长感到喜悦和欣慰，但要不断温和地提醒他，凡事都有必须遵守的规矩，比如，上洗手间的时候哪怕是在家里，也一定要关门等。平时最好能在具体的情景中，用积极的态度帮助孩子逐渐意识到在自己身体的隐私方面，什么内容、什么时间适合与人分享的一些简单原则。如果你的儿子每次阴茎勃起的时候都会不厌其烦地跑来告诉你，你可以耐心地告诉他这是完全正常的，不需要每次都跑来告诉你。不过同时也要明确让孩子知道，你特别欢迎他在任何时候找你咨询任何有关身体和性的问题。注意态度，尽量别让孩子误会你在拒绝他、不想听他唠叨或跟他一起讨论这些事就行。

问： 我 7 岁的儿子昨天在校车上从大孩子那里学到了一些非常具体的性用语，我应该怎么做？

答： 别紧张，尽管你不愿意，但是得想开点。因为这肯定不会是你的孩子唯一一次，也不会是最后一次从现实世界"学到"你不希望他们学到的东西。这时候你能做的就是明确告诉儿子，不管他在外面听到了什么，你希望他回家之后只使用家里允许的词汇来表达一些概念。虽然你不可能完全屏蔽孩子在外面接受的混乱信息，但是你完全可以引导他使用合适的措辞，帮助他理解他与你分享的内容。你应该感到庆幸——孩子把他听到的东西说给你听了，这至少说明孩子觉得跟你相处和从你那里了解性知识是没有什么顾虑的。

问: 我女儿的一个同学有两个妈妈,她问我为什么,我该如何回答?

答: 直截了当、实事求是地回答。解释一下,每个家庭有各自的情况,有些家庭会有两个相同性别的妈妈,有些家庭是单亲家庭,还有些孩子不是由父母照料而是跟爷爷奶奶,甚至是叔叔阿姨生活在一起。这个年龄的孩子们其实并没有兴趣去判断,也不想去深究为什么,他只是想知道为什么其他孩子的家庭和自己的不同而已。回答这样的问题,也是帮助孩子理解和接受差异的好机会,无论这些差异是什么。

6~9 岁的孩子应该了解什么

这个部分会给你一些发展的参考点,让你在低年级的孩子可以了解自己的身体以及它是如何工作的。在这里,为你提供一些小学低年级孩子发展的参考要点,应该了解的身体结构以及身体运转规律的基本参考要点。记住,在这个年纪,性只是意味着理解孕育的过程和了解身体各部分的多重功能。

- 孩子会是特别具体的学习者，一丝不苟地想要知道真相。
- 他不再相信童话（比如仙女或者圣诞老人之类的故事），在这么大孩子心里，已经明白他生活的世界是个现实的世界。
- 他理解无论他穿什么或做什么，他的性别再也不会改变，男孩就是男孩，女孩就是女孩。
- 他对性器官的双重功能感觉到非常好奇。（比如阴茎既能用来尿尿也能用来释放精子。）
- 他需要父母不断强化身体隐私的相关原则。（比如上洗手间应该关门，任何人不能碰他的身体而他也不能摸别人的，并且要学会适时、适度表达等。）
- 他能自己洗澡，自己清洁隐私部位，他长大了！
- 女孩会经常泡在自己的小圈子里，只跟几个要好的女孩玩，但是朋友人选并不稳定，经常换人；男孩更喜欢一群人一起玩，跟女生相比，他们朋友圈人选相对稳定。
- 女孩通常都很喜欢表达，会对自己的身体和性的问题感到好奇并不断提问，而男孩更倾向于沉默，对他们而言，要换个方式才好接近，可以选一些合适的图书让他们自己阅读。
- 他可能会混淆性别和某个生理性征的关系。（比如，也许他会认为男孩也有月经。）
- 他会比较喜欢要求大人不断重复回答同样的事实，也会为同样的问题反复追问好几次。
- 需要大人表现出积极主动的态度倾听自己的问题，耐心且认真地回答问题，也许是很多遍。

Chapter 4

第四章

9~12岁的高年级小学生:
关注前青春期的变化

"为什么男生不会有月经?"

你特地安排周末晚上带 10 岁的儿子一起去度过"男人时间"——去商场的游戏厅打游戏。在去购物中心的路上，儿子嘟囔了句什么，你没听清楚所以让他大声点再说一遍。于是他又嘟囔了一遍，你只好说："皮特，爸爸听不清你的话。"他这才很无辜地瞪大眼睛看着你说："今天朋友告诉我，女生到了 11 岁就会开始流血。我马上就要过 11 岁的生日了，所以很担心会不会什么时候我也开始流血了。"等你停好车，伸手过去拥抱儿子，然后意识到今晚你要做的不仅仅是带着他打游戏，开点男人之间的玩笑之外，还得给儿子科普一下男女有别，男孩为什么不会有月经之类的常识。

不过，这位亲爱的父亲大人，你打算怎么解释，又从何说起呢？

本章讲了什么

本章的内容就是帮你解决这类问题,包括和就要进入青春期的孩子探讨关于他们身体正在和即将发生的变化,以及在这些变化中如何做到与朋友、家人和自己友好相处。它还解释了为什么十几岁的孩子有时候仿佛一夜间从一个跟你无所不谈的"小跟屁虫"变成跟你多说一句都烦得要死的样子,变得很不好沟通,以及如何才能同孩子继续保持顺畅良好的沟通。

基本概念

- 性不只是意味着传宗接代
- 前青春期的变化:身体的发育和社交的改变
- 父母亲子关系的变化
- 做积极主动的倾听者
- 宽容、接纳和隐私问题:社交和身体

从关注事实到关注感受

当你的孩子进入了前青春期阶段,他们将逐渐从严格关注具体细节的学习者,转变为更多关注抽象感受的学习者。也就是说,这意味着他们开始理解爱和尊重这样的抽象概念了,尤其是你在这之前已经做出了充分具体的关于这些概念的亲身示范,你的前青春期的孩子便会更容易理解和内化这些抽象概念。

原来真相是这样:性不只是关于制造小孩

等到小学高年级的时候,孩子综合之前从爸爸妈妈那里听到的、同学朋友聊天聊过的、书本里看到的和学校老师讲过的所有关于性的知识之后,很快就发现跟他们平时在电视、电影、游戏和音乐中看到的与性有关的呈现不是一回事。因为肯定没有谁听过一首唱精子和卵子结合的歌吧?忽然之间,孩子也许就意识到：性不仅仅是成年人为了生儿育女而做出的令人厌恶的行为。相反，他们这么做是因为他们喜欢——显然这很有趣，感觉也很好！

性不仅仅是大人们讲的那个无趣的精子和卵子先结合，然后生个宝宝。

意识到性不仅仅是大人们所说的精子和卵子结合是为了生个宝宝这件事，对于十几岁的孩子来说，可是个不小的震撼。因为这不仅改变了他如何看待自己的身体和身体器官的功能（那曾经算是很大的进步），更改变了他看待你的方式。你的孩子不可避免地，还会震惊地联想到：爸爸妈妈一定不只是生小孩的时候才会有性行为，那个次数肯定超过了家中小孩的个数，而且，他们现在说不定还会有！

所以，早点开始和孩子做初步关于性相关话题的交流和

沟通就变得尤为重要，不但要早开始，要很好地坚持，还要学会倾听，以便随时发现可以实施教育的好机会。事实上，性行为是两个成年人之间一种充满了爱、亲密和尊重的表达，这件事，对于孩子来说真的很难理解(其实对于不少成年人来说也从没有真正理解过)，不但如此，日常生活中看到的那些影视剧和各种媒介带给孩子们的负面信息甚至还会给孩子造成更多混乱的认知。如今的孩子很容易就能从周围的媒介环境中得到暗示，性行为可以很随意，随便得像一种休闲活动，就像去一趟游乐园或者吃了顿大餐。作为父母，我们的挑战在于，如何帮助孩子了解性行为绝对不仅仅是男人和女人纯生理性的身体行为。

好伴侣是两情相悦。

向你的孩子表明，有性关系的两个人之间也会分享情感上的亲密，彼此互相尊重，父母们应该尽可能地为孩子做出最佳示范。当你的孩子努力不去想他们的父母可能会发生性关系的事实时，他们会注意到你每天对待伴侣的方式，也会注意到你们平时在一起共同生活的很多细节。你跟你的伴侣所能为孩子做出的榜样就是告诉他：好伴侣是两情相悦的。让孩子在平凡的生活中见识到你们在很小的事情上彼此宽容和尊重，感情上亲密互动，经常拥抱你的伴侣，对他说"我爱你"，或者在吃杏仁蛋糕的时候切给爸爸最大份，因为那是爸爸最爱吃的甜点。尽可能地为孩子做出更多的良好示范，孩子们心中对于爱情和亲密关系的态度和看法就会受到父母的影响，并且根深蒂固。

什么时候跟孩子讨论"亲热"这件事

大一点的孩子可能已经可以看大人的电视剧了，如果遇到屏幕上出现了情侣之间一些亲热的举动，无论是轻轻的拥抱，深深的一吻，还是深情相拥，都不要慌乱地换台或者打发孩子走开,你应该抓住机会进行情境教育,可以给孩子解释一下那些大人在做什么,顺便可以聊聊性、亲热和尊重这些话题,告诉孩子它们是如何紧密相连的。交谈的时候要注意把大家的焦点始终放在画面里的人物身上,不是你,更不是孩子,这样彼此之间就没有那么大的压力。不要只讨论那些积极美好的场景,也可以给孩子一点机会看到某些不愉快的场景。

你要做的,是向你的孩子传递你自己在爱情、性和亲昵举动这类问题方面的立场和态度,你赞成的、欣赏的和你反对的、厌恶的,都要让孩子有机会了解,而家中正在播放的电视、电影正好为你提供了很多这样的机会。

尽早且经常告诉孩子:性行为是成年人的事情

很多父母觉得在孩子 10 岁左右的时候就对孩子提出关于性行为方面的要求有点为时过早。但是,事实上正好相反。性教育的问题，需要进行长期持续的细节教育，尽早开始，抓住一切合适的机会向孩子灌输性行为是成年人的行为，这是性教育中最可取的选择。因为9~10岁左右的孩子，仍然处在心理学上的规则导向期，还能够相对容易地把父母想要传递给他的道德规范、情感原则等转化成自己内心的一些准则。这时候，如果我们坚持这样做，等孩子进入青春期之后真正面对关于性的困扰时，他就能够做出相对准确的判断和明智的选择。

绝口不提其实才是冒险

有些父母选择尽量不跟孩子谈论任何有关性的问题，他们觉得这样对孩子的成长更有好处，你能说这样做的父母有什么不对吗？跟孩子谈性的确是超级有挑战性的事情，尤其是面对有些冲动的、逆反心理严重的前青春期孩子时，就需要父母抱有更大的耐心和更多的智慧。要是你之前从未对孩子做过任何性教育启蒙，如何启齿和从何说起就更是难上加难。记住你可以从现在开始，更重要的是保持下去。即便孩子的反应冷淡或者看起来不太把你的话当回事，能够保持这样主题的谈话还是很有必要的，有机会就尽量坚持下去。你可能总是觉得孩子还小，应该还没想到过性，或者没到跟他的朋友们讨论这种问题的年龄，更不可能去体验性。但是事实上，他们已经或者很快就会面临这些问题。忽略或回避事实上只会给你的孩子造成这样的印象，就是你完全不想也没兴趣知道他怎么了和他在做什么，这样的暗示无论对于你还是对于孩子，都是很危险的。回避和不愿意面对传递给孩子的信息远不止于此，他会觉得父母不信任自己，父母不需要跟自己交流。更有甚者，孩子也许会偏激地觉得自己

> 的爸爸妈妈并不在乎自己的成长,也不重视自己的感受。

及时调整和孩子交流性的途径和方式

十来岁的孩子已经不再是小宝宝,父母也应该学会接受这个现实。可能在你不经意之间,那个总是跟在爸爸妈妈身后爱给大人帮忙、喋喋不休的小屁孩,忽然变成了一个只喜欢躲在房间里面嘀嘀咕咕跟同学打电话的家伙。这么大的孩子,跟朋友的关系会一下子变得很密切,朋友也将会成为整个青春期孩子心中最重要的人。在今后的日子里,对朋友的忠诚和亲密将会取代他在童年时代对父母的忠诚和亲密。而对不少孩子来说,跟朋友的这种亲密上升到情感层面,还是头一次体验。对于妈妈来说,有可能会觉得有点失落和伤心,因为你的小女儿最近不再像以前那样没事就跟你说上半天她的心事了。要知道这样的情形对于这么大的孩子来说再正常不过,这是非常健康的心理变化,孩子把对父母的关注和忠实度转换到朋友身上，也随之开始感受到朋友间的亲密和美好感情，这些感受是孩子成长过程中必不可少的部分。作为爸爸妈妈，要想继续和孩子保持良好的感情和顺畅的沟通，就需要自己主动转变心态，更好地支持孩子，在他们需要的时候提供建议，积极接受孩子成长过程中与父母关系的种种微妙变化。

相信你的孩子意味着相信你自己的育儿方式。

当孩子进入青春期，他们将进入人生中的新阶段，作为父母，应该及时调整和孩子交流性（或任何其他大问题）的途径和方式。除了尊重孩子们在与父母相处时态度的一些变化，尽量保持年幼时的亲密关系之外，要学会找合适的机会和孩子探讨一些重要的问题，包括青春期的性教育。想想看，在之前的很多年你跟孩子能敞开心扉、坦诚相对，是因为你愿意诚恳地回答孩子提出的任何问题。那么，请注意，这种关系可能要发生变化了：从现在起，你要尽力去信任和尊重你的孩子，相信他回答你提出的问题时也是怀着坦率诚恳之心。你的尊重和信任，其实同样是对自己多年教育孩子能力和教育水平的信任,要相信自己之前的言传身教一定会潜移默化地发生了作用。

身体的变化:你的小姑娘不见了

有些事情你可能永远都不会准备好:你的女儿,竟然进入青春期了,自己熟悉的那个小姑娘忽然长大了。女孩的身体发育一般在 10 岁或者 11 岁左右开始——有的早些,可能 9 岁,有的会更晚些,最晚也不会超过 14 岁。有时候也就一个月前后的事儿,她就比邻居同龄的男孩子高了半头。仿佛一眨眼,她那小小的乳蕾开始悄悄膨胀起来,她的小屁股也忽然变翘了。在孩子身上,还发生着一些不为人所见的变化:逐渐长出阴毛、腋毛,也许还会有令人讨厌的汗味儿。有些女孩子会觉得这一切好神奇,她们为自己的成长感到骄傲,会兴奋地和你谈论她们正在经历的和将要经历的变化。这样的讨论是特别好的机会,你可以充分了解自己的孩子知道哪些关于身体的常识,

她注意到了自己的哪些变化，你也正好回答孩子肯定会提出的相关问题。

对你的女儿来说，第一次来月经可能是一个骄傲的时刻，也可能是一个尴尬的时刻，这在很大程度上取决于你如何对待它。

什么时候自我刺激会变成自慰？

在孩子十来岁时，他们已经在心里形成了很明确的隐私观念，知道触摸自己的生殖器官是很私人的行为，不能让别人看见。在学校的操场上，很少能看见这么大的孩子还像小小孩一样因为内裤穿得不合适当众拽来拽去或者做出叉开腿使劲摇摆的样子。绝大多数这个年龄段的孩子很清楚在公众场合应该怎么做，也对自己在大家眼里的形象更加在意。但是私底下，孩子们仍然会有抚

> 摸性器官进行自我刺激的可能。当你的孩子在他们的生理和心理发展达到一个临界点时,会把抚摸自己和幻想结合在一起,自我刺激行为已经转变成了自慰。自我刺激只是抚摸,而自慰是把抚摸当成手段去达到快感。但是你应该有心理准备,孩子发生这样的转变,家长一般也并无从得知,反正孩子不太可能会将这个变化通知你。

另外的一些女孩却不是这样,她们对自己的身体并不敏感,甚至会对身体的变化感到困惑和尴尬。要是你的女儿没有提到关于她身体的变化,而你注意到了,千万不要忽视这个问题,也不要理所当然地认为她没有注意到这些变化。应该特地找个只有你们两个人相处的机会,比如一起开车出去,一起做什么事情或者只是两个人一起散步的时候,找她聊聊这个事情。聊的时候尽量放松一些,不要表现出对她的身体变化特别敏感的样子,因为那样会让孩子感到紧张,就更难以启齿。你可以说说大多数女孩 10 岁左右的时候大概会发

生些什么变化,既然她已经到了这个年龄,你们俩最好做好准备。比如,女儿可能想要(或者是需要)一个少女文胸。如果她也有兴趣的话,计划一次特别的购物之旅为她买一件,重点是在这段特别的时间关注你的女儿,而不是仅仅关注她的身体变化。

告诉孩子月经是怎么回事

女孩一般会在 13~14 岁月经初潮。但是,眼下孩子们的平均初潮年龄已经提前到 11 岁左右,有的女孩子会在 9 岁或者 10 岁就初潮了。不要等到你觉得女儿快要有月经了才跟她讨论这个话题,因为那一天可能要比你想象中早得多,所以要提前帮助她做好心理上的准备。女儿的第一次月经来潮可能令她觉得骄傲,也可能会让她觉得尴尬,关键要看你的准备工作做得怎样。对大多数女孩来说,越早帮助她们了解关于月经的常识，那天到来的时候孩子就会越坦然。

尊重女儿做自己身体的主人这一重要权利。

简单明了地给孩子介绍月经产生的整个过程，给孩子看看卫生巾和卫生棉条都长什么样子，买一些放在她自己的房间里。你可以示范一下如何使用卫生巾和卫生棉条，或者至少指导她事先阅读包装袋上的使用说明。等到女儿月经初潮的那天，尊重女儿的隐私，如果她不是那种想让家里所有人都知道她来月经的孩子，就不要像宣布女王的加冕礼一样告知天下。应该尊重她对自己身体的掌控权，问她是否愿意庆祝，如果愿意，用什么方式庆祝。

剃除体毛和使用香味剂也是青春期女孩非常关注的关于身体变化的重点，作为妈妈，如果你能就事论事和孩子坦率地讨论这些话题，接下来你也一定能应付随之而来的一些更难以启齿的成长话题。

给孩子介绍不同性别的卫生常识

虽然大多数男孩发育得比较晚，直到 13 岁左右才开始出现第二性征（也有一小部分孩子会早一些，9~10岁开始），但是他们也和女孩一样需要提前做好面对生理、心理、社交和感情上变化的准备，帮助你的儿子为即将发生的变化提前做好准备。这个年龄的男孩更像是行动家而不是理论家，他们很可能不知道自己该问些什么，也不知道如何向父母提问。

对许多男孩来说，身边这些女孩突然发生的变化可能让他们感到困惑和不安。那个和他在操场上奔跑嬉耍像个哥们一样的女孩突然变成了遵守一整套全新社会规则的外星生物。更令他不安的是那个曾经跟自己一起比赛骑车的女孩现在居然带上了胸罩，还公然表示迷恋他的哥哥！帮助你的儿子了解他们将要经历的变化，还要帮助他们了解周围的女孩正在经历的变化，让他们知道男孩比女孩发育得晚。过一段时间，他们也一定会开始发育了。如果有必要，就给孩子从生物学的角度讲讲这些即将开始的变化，给他吃颗定心丸。

> 男孩很可能不愿意告诉你他的身体已经发生了一些变化。

当男孩子开始进入青春期时,他们首先经历的一些变化是大多数父母不会看到的,他们开始长出阴毛,睾丸开始变大、颜色变深,阴茎越来越频繁地毫无预兆地勃起,他们还会在夜里做跟性有关的梦,会发生遗精,这些变化中的任何一种或所有这些变化都会让孩子感到恐惧,感到尴尬,或者两者都有,因为对这些小男孩来说他们并不理解这些变化意味着什么。

对11岁左右的男孩来说,告诉父母他很焦虑因为他发现自己的睾丸跟肿了一样变大了,或者坦言他晚上做了什么

梦然后不知道为什么就把床单弄湿了，感觉都是特别丢脸的事，所以他肯定会选择只字不提。父母要尽可能地仔细观察孩子的变化，别指望儿子主动告诉你。和你的儿子谈谈他的身体将要经历的变化，这样他就能在不可避免的事情发生时做好准备。

还有些变化是显而易见的，比如，你会发现儿子脸上和腿上都慢慢长出了汗毛，声音也开始变得低沉，更需要经常洗澡。教给你的儿子适应这些变化的最好办法就是以身作则，好好给孩子示范你是如何照顾自己的身体的，不能只是嘴上说说，叮嘱孩子要经常用沐浴露洗澡的时候，你自己也得坚持这么做。不然哪天你和他一起散步正在教育他要讲卫生、勤换衣服、勤洗澡时，自己身上却忽然散发出一阵阵臭脚丫子的味道，那情景得多么尴尬啊！你甚至可以教教儿子如何刮胡子，尽管他的胡子现在还很稀疏。以身作则地示范如何照顾自己的身体、介绍不同性别的卫生常识，对帮助他们养成良好的个人卫生习惯大有帮助。

强调社交原则和身体隐私的界限

你的孩子现在应该很清楚(并尊重)你们家的隐私界限，

比如"进别人的房间时需要敲门,得到别人的允许后才能进入"之类的规矩。他们也应该知道社交和身体的界限,随着他们成长为青少年,这些界限会变得越来越重要。

发育早也有压力

在学校里,青春期发育晚的孩子压力通常还是挺大的,不过,发育得早也不是什么令人羡慕的事。早早地就长出小胡须或者声音变粗的男生,和班里第一个有月经、第一个胸部发育的女生,其实也有他们的尴尬,还会觉得担心,因为没人知道接下来还会怎样,同学们还都没开始这种情况,所以谁也没法给他们建议,他们就好比是这场荷尔蒙带来的马拉松比赛的领跑者一样辛苦。要是你的孩子属于发育比较早的,要格外警惕和关注孩子承受的那些额外的社会压力。

要让你的儿子和女儿牢记从他们还是学龄前儿童时你就开始教导他们的原则：身体是他们自己的，没有他们的许可，任何人都不应该触摸他们，同样，他们也不应该触摸其他人。

"管好你的手，不准乱动"并不是只有在长途驾车时才会对孩子发出的警告：这可能还会是某天你在大厅忽然看见他在拉别人文胸的带子，在别人经过时他伸手掐别人的屁股的时候，你忍不住大叫出来的话。绝对不能让孩子养成随便逗弄和乱摸别人的习惯，这些行为应该从小就绝对禁止。因为，那些小时候被定义为戏弄别人或者毫不克制的玩笑，等他们长大了还这么做，就会演变成众人眼中的性骚扰！你的孩子极可能是骚扰者也可能是被骚扰者，而即便是无意识的玩闹行为也可能带来一系列不幸的后果。所以教会孩子要有分寸，知道尊重自己和他人的个人隐私。一定要给孩子树立这样的榜样，尊重孩子的私人空间，就像你希望他们尊重你的私人空间一样。

孩子开始注意到身体的一些变化后，可能会疏远异性父母。

随着孩子年龄的增长,他们想要独处的时间会越来越多,尤其喜欢待在自己的房间。这时候,一定切记"己所不欲勿施于人",这才是最有效的以身作则:允许孩子有独处的时间,尊重孩子的个人隐私,你一定要做到你希望孩子能够做到的事情,比如在进他的房间前一定先敲门,经过他允许后再进入,坚持这样做,就会很好地强化和树立孩子尊重隐私的意识。

还应该了解,孩子们已经开始注意到自己的身体悄悄发生了变化。当孩子开始注意到身体的一些变化后,可能会因为跟异性的父母相处时不知所措,所以疏远和冷淡异性父母。父母其实也一样会有这样的感受,比如,爸爸拥抱乳房已经开始发育的女儿时,多少会觉得有点不自在,也不太好意思再像以前那样做些很亲密的举动。对于父母来说,一定要确信自己没有因此而减少对异性孩子的爱和感情,然后尽快摸索到双方都感觉舒适的亲密尺度,前提是要尊重和保护孩子在内心已经建立的隐私底线。

把孩子从粗俗语言里拖回来

还记得孩子上幼儿园的时候你们在浴室里的谈话和他那

时常做的傻事吗？到了这个年龄，问题升级了：十几岁的儿子忽然发现外面有那么多从来没听过的词汇，没见过的奇装异服和各种古怪新潮的行为举止，这让他兴奋不已，恨不能每天挂在嘴上尽力模仿，完全不顾及父母的心情，这让你懊恼不已。这段日子，你可能得一直忍受11岁的儿子一激动就冲你或他的朋友说"我靠"，9岁的女儿总是把自己打扮得花枝招展活像个脱衣舞女。在前青春期的孩子们居住的房子里，挑衅行为会很猖獗。

> 11岁的孩子，会觉得这个世界上没有什么比自己和自己的朋友更重要。

直到有一天,听到美丽的小女儿脱口而出"你这个婊子!"的时候,或是转身看见儿子把自己弄得像朋克一样吊儿郎当地出现在客厅里的时候,自以为心理无比强大的你还是瞬间感觉崩溃了。

树立积极的个人形象

要是觉得想不出怎么给孩子解释他的行为会决定他的形象和名声,这里有个好办法就是提一些关于他喜欢的乐队、电影明星或者运动员的问题。问问孩子他喜欢的那些明星的言谈举止和衣着打扮都是怎么样的？他能从中看出某明星是怎样的人吗？那个明星平日在粉丝中的名声和口碑怎么样？还有个讨论这种话题的切入点就是说说父母。你可以问问孩子觉得你是什么样的父母或者他怎么看他朋友的父母，他会怎样向他的朋友描述你？为什么那么形容你？你能改变你在他心目中的形象吗？问问孩子你怎么做才能改变你在他心目中的形象呢？无论是在讨论明星还是自己的父母，要引导孩子关注他人是如何通过一言一行来塑造自己的形象的，关注他们又是怎么对待别人的，这些都可以帮助孩子逐渐树立起积极的个人形象。

但还是要做好充分的心理准备，这个年纪的孩子，就是用胡言乱语、奇装异服和随意行事来引起周围人对他的重视。他对自己所学来挂在嘴边的那些话到底意味什么，自己穿戴的那些衣服又会给别人留下什么印象基本上毫无概念。他们会觉得跟同伴打招呼的时候互相称呼"嗨，变态！"或者别人当众叫自己"交际花""小太妹"很刺激，也很好玩，但是完全不会想到除了他们自己的小群体互相欣赏这样的称谓之外，旁人会用什么眼光看待自己。总之一句话，当你11岁的时候，眼里只有自己，哦，对，也许还有你的那些朋友，别的什么都不重要。

> 帮助孩子逐渐学会思考自己的言谈举止对朋友意味着什么，这样也是帮他学会自我控制。

因为这么大的孩子并没有足够约束自己的能力，所以父母必须帮助他们建立和学习遵守家里的规矩，为他们设置必要的限制：哪些话可以说，哪些话不能说，哪些行为是不被允许的，哪些穿着打扮是得体等。但是，往往让人啼笑皆非的是，孩子们的言谈举止有时候过分得让父母抓狂，以至于让你觉得是不是该把这么大的孩子都送到军事学校去严加管理才好，这真的是成长的烦恼。但是转念想想，成长本来就是不断实践、不断尝试挑衅规则，也不断犯错、不断改正的过程，在这个过程中，他们才逐渐认识到做人的分寸，习得社会规则。既然眼下这个年龄的孩子会把朋友对自己的看法看成最重要的事情，作为父母，不妨改变一下教育的策略，可以引导孩子思考他的行为、语言或外表会向他的朋友或同龄人传达什么信息，或者他究竟想向朋友表达什么？问问孩子，他是否真的想给别人留下冒失无礼的印象吗？难道他不想让朋友看到他身上更好的那些方面？你不可能轻易把孩子从那些让人筋疲力尽的青春期审美和粗俗语言里拖回到正常状态，但至少可以帮助他们开始理解自己的言行举止和衣着打扮会向身边的人传递他的态度，会影响他在意的朋友们对他的看法，这个过程也帮助孩子更加了解自己，逐渐学会自我控制。

如何应对青春期孩子充满挑衅的言行

即将进入青春期的孩子有很多挑衅和刺激人的言行，对身边的人（尤其是父母）来说，不见得会造成什么真正的伤害，更多的是让人生气，因为有些话听起来的确很伤人。当儿子对投篮未进的男孩大叫"你这个倒霉蛋"，或者女儿对自己看不上的女生发出鄙夷的嘘声时，只是在宣泄自己的情绪,并不真正了解他们随意说出的那些话究竟意味着什么,更不觉得那些话会让别人多么难受和不堪。让孩子们早一点明白,那些伤人的话不仅伤害和影响了他的朋友和同学,也会影响他在别人心中的形象。

父母的言谈举止是孩子学习宽容和接纳最好的示范。

肯定孩子是出于无知和幼稚

你开车带着11岁的儿子和他的几个小伙伴一起去朋友家。路上你无比震惊地听见你的儿子吹牛说:"我真的跟珍妮·杰克逊约会过。"当你还惊魂未定时,这个小男生又接着说:"我是说,她还真不错,真的会打点棒球呢!"

记住,你的孩子毕竟还是个孩子。就算他提起与性相关的话题,其实也并不像成年人那样想到要

> 跟对方发生性关系。绝大多数孩子都不会在这个年龄就企图与谁真正地性交,当然也有例外。所以当孩子找你问起这类问题时,你也不必反应过度,绝大多数情况下他并不是真的打算跳到哪个女生的床上去干吗,只是想知道并且需要得到某个问题的答案而已,而你正好可以给出这个答案。

要教育孩子把握自己的语言,也就是说,如果你听到孩子使用侮辱性的语言,或者有憎恨别人和威胁恫吓的倾向时,不能轻描淡写地认为是"小孩子不懂事,长大就好了",而是应该立刻严肃地去问问他,知道自己所说的那些话是什么意思吗?如果他回答不出来,那就给他解释一下那些话的真正含义。然后再接着问问,他是真的想用这样的语言去侮辱贬低别人吗?他愿意听到别人用这样的语言侮辱贬低自己吗?请父母们牢记,让孩子拥有良好的言行和宽容的态度最好的办法就是以身作则,以及在这些方面从小对孩子严格要求。

引导孩子树立健康的身材观

这个年龄的孩子非常在意自己是否和朋友、同学们保持步调一致。你可以去观察，走进小学五六年级的教室，孩子们简直像是彼此的翻版，无论从穿的衣服、言谈举止、吃的东西，还有听的音乐都几乎一模一样。他们特别在意自己是不是得到了同伴的认同，是不是拥有小团体的归属感。但令人惊讶的是，当融入群体显得困难的时候，他们也不会选择反抗或者拒绝，而是更努力地想办法去顺应或者委屈自己以迎合同伴的标准。也就是说，如果哪天你女儿打算模仿小甜甜布兰妮那样的打扮去上学，或是你的儿子坚持要穿裤裆快要到膝盖上的裤子去学校，完全是因为学校的同学都这么穿，不然他会因为跟大家不同而引来其他孩子的嘲笑和排挤。

> 你不能姑息孩子因为过度在意自己的身材而患上饮食紊乱症。

孩子迫于各种社交压力而做的一些妥协和积极迎合也不算是什么坏事，干什么有所顾忌毕竟对青春期的孩子来说也是难得了。不过，这种迎合跟妥协也会带来特别糟糕的影响，尤其是在身材的问题上，相对于眼下的审美标准而言，那些胖乎乎的或者有点胖的孩子会为此紧张得不得了。相比较而言，女孩对自己身材长相之类的焦虑会开始得更早一点，对父母们来说，每天看着自己9岁的女儿厌恶地看着镜子里的自己不停地说自己怎么这么胖，儿子为不能像他的偶像一样健壮挺拔而苦恼时，的确令人头疼。如果你的孩子已经开始变得特别关心他的身材和体型，那作为父母的你，就无法回避这类你觉得小孩子不该关注的话题，相反，你得跟孩子保持同步，一起关心他关心的事儿。大多数时候，父母都会因为觉得这些根本不重要就不想继续这个话题，总是用"哦，你这样很好"或者"你现在这样就很完美了"类似的回答打发孩子，孩子就会误会你的意思，觉得他根本不该跟你谈论某些话题，你会因而错失了在这些问题上发挥引导作用的机会。等到有一天，你忽然发现女儿因为偷偷减肥患上了饮食紊乱症，这时你才肯面对现实，原来孩子是那么在乎她的身材。

给孩子示范什么才是健康的好身材,需要父母以身作则。

父母平时要多听听孩子对自己身材的看法和态度,然后因势利导。如果女儿觉得自己太胖了,那就问问她为什么这么想;要是儿子苦恼的是他比朋友瘦小,可以问问他为什么很看重这个,为什么想要变得强壮?抓住孩子们给你的进入他们个人世界的机会,不要直接下结论或者给出答案,启发孩子自己思考并找到问题的答案。

跟周围的父母达成约定

孩子逐渐长大之后,喜欢花越来越多的时间跟自己的朋友待在一起,有时当你不同意他们去做某件事情时,你一定听孩子抱怨过:"谁谁谁的妈妈就同意他怎么怎么样啊。"解决这类问题最好的方法是和孩子朋友们的父母提前做些沟通,大家尽量达成共识，互相支持在家中遵循大家认同的原则，比如关于聚会、外出玩耍、在外过夜等这类集体活动。当然，你们还可以达成更广泛的共识，比如哪些电影孩子可以看，哪些话在哪些场合不允许说，是不是可以不跟着大人独自去逛街等问题。也许刚开始大家聚在一起谈论这些会有点尴尬，而且你的孩子可能反应会很强烈，会为你竟然背着他这么做而感到无地自容。但是，在孩子们越来越少主动向大人汇报他在外面都做了些什么的情形之下，这种家长之间的联系能帮助你了解孩子在外的情况，所以就算损失些你在孩子心目中的形象，总比做不负责的父母要好，而且你会非常惊讶地发现其他父母也非常乐意能有机会和大家一起分享自己跟孩子相处的规则，交流各自对孩子的期望。

想要让孩子认同你关于健康身材的观点可不仅仅靠说说而已，你还需要从自己做起。也就是说你可不能一边狼吞虎咽地大吃冰激凌，一边跟孩子抱怨自己太胖了。你也需要留心，尽量避免在孩子面前抱怨自己身材这不好那不好，孩子都会看在眼里记在心里。如果你跟孩子说经常做些运动很重要，那就行动起来，别总是纸上谈兵，光说不练。

最好把运动和家庭活动结合起来，可以带孩子去附近的公园散步，一起外出远足，一起去游泳或一起踢场球，既能锻炼身体，又能增进感情。一起行动起来，这很快会成为一个有趣又健康的家庭习惯。

改变跟孩子对话的方式：多倾听，少评价

不管家里这个即将进入青春期的孩子多想成为真正的自己，他却并不知道那个真正的自己究竟会是什么样，就算再长大一些，这些年轻人在这点上其实也不见得知道得更多。现在是重申你的家庭对性行为的价值观和期望的关键时刻，这样你的孩子就可以把这些价值观融入他们寻找身份的过程中，逐渐形成自己的思考并做出自主的选择。当然，你肯定不能要求他坐下来然后严肃地说："咱们家对这些问题的看法和标准是这样的，我们希望你必须遵守。"这么大的孩子已经不再像小时候那么听话了，连平时你催他去刷个牙他都

会生气。最好的办法是做善于倾听的父母,帮助孩子在解决一些具体问题的过程中让他与你传递的价值观产生共鸣,通过你的提问和他的回答来不断充实,进而内化成为他自己的价值观。

做个倾听者也要掌握技巧

下面这些技巧可以帮助你轻松地跟孩子聊天,避免你一个人从头说到尾:

- 那件事你感觉如何?
- 能告诉我你是怎么想的吗?
- 也就是说你觉得(重复孩子刚才说过的话,然后等他接过这个话题继续回答)。
- 能稍微解释一下你的说法吗?
- 如果换作你,在那种情况下会怎么做呢?
- 告诉我,你当时有什么反应?
- 你给你的朋友提了哪些建议呢?
- 他那么做会影响他在同学心里的形象吗?

他们需要自己去发现问题的答案。

跟这个年龄的孩子交流对于父母和孩子来说都是非常有挑战性的。毕竟你曾经像是个回答问题、提供答案的机器一样存在了那么多年,甚至孩子小时候,在重要的原则性问题上就算用"因为我那么说了,你就必须那样做"的强制性方式也可以奏效。但是现在,一切都有了变化。孩子已经长大到即便有你的指引,他也需要自己去寻求答案的年龄,这个年龄的孩子也一定很享受那种靠自己的努力找到答案的感觉。这时候对于父母来说重要的是理解孩子,他并不是不听你的话了,他仍然最关注你的言行,只是喜欢显得若无其事罢了。

戏剧模式:有"经纪人"的爱情

对于这个年龄的孩子来说,异性间的交往活动并不是成年人传统概念中的"约会"。大多数小学生甚至中学生都不可能未经父母允许单独两个人外出。事实上，孩子们眼中的谁跟谁好了，很多时候无非是两个人在学校的走廊里牵了下手，两个人在电话里聊了很长时间，或是两个人在学校的活动中跳了比较亲密的交际舞。因为男孩们通常在生理和心理上都比较晚熟，所以小学生或者刚上初中的孩子"约会"中身体的接触并不是他们心目中浪漫约会的重点。

这个年龄的孩子在"恋爱"中大多不会直接向对方表白，而是需要一个"中间人"来传递消息，就像电影明星需要经纪人一样。一般情况是这样的：恋爱双方的朋友充当"经纪人"，在约会中负责所有的聊天工作，通常是和两个人分别聊。他们会达成一种共识，这两个恋爱中的小人儿正式"在一起"了，即使彼此在约会中压根就没说过一句话。

和处于懵懂青春期的孩子沟通关于性、爱情或是其他敏感话题时,最困难的是如何避免把双方每次的对话变成你自说自话地讲着、他们不动声色地听着的一个小型演讲。应该让孩子自己去找出答案,通过自己更多的思考得出结论。你可以在谈话的时候尽量选择开放式的问题和评论,这样他们就不太容易简单地用"是"或"不是"来结束对话,可以引导孩子继续说下去。比如持续地提出"你能多给我讲讲吗?""听起来你好像感觉很失望,是吗?"类似的问题,孩子就可以在你的引导下摸索、确认自己的思考和内心的感受,而不是你直接代替他感受或者思想。在这么大的孩子面前做个好听众,才是你和孩子保持顺畅交流的最重要的方式

之一，父母越是能够积极地倾听，孩子才会更容易对父母敞开心扉。

亲子沟通的心理战术：旁敲侧击

谈及一些重要又敏感的话题时，如果不直接牵扯到你自己和孩子，聊天就会比较容易继续。在家中聊天时，当孩子提到关于他朋友的话题时要认真听，多向孩子了解他的朋友都关心什么问题，遇到问题都会怎么做，还可以婉转地了解孩子对他朋友的想法和做法有没有自己的看法。如果你想知道儿子对眼下街头时髦的穿戴打扮和网络流行语是什么看法，别直接问他，而是问问他如果某个朋友那样的话，别的孩子会怎么想，这样，你就可以顺利把目标转移到其他孩子身上而展开这个话题。比如，你可以问："你说吉姆穿成那样，别人会怎么看他呢？""你觉得吉姆（用的东西、说的话、做的事、做的选择）想告诉朋友们什么呢？""其他人会怎么看？""你觉得大家会注意到这些吗？"当然，不是让你一次问这么多问题彻底了解清楚，你得记住你首先是他的父母，不是调查取证的警察，何况这个年龄的孩子对朋友是非常忠诚的，不愿随便出卖朋友。你要处理得有点技巧。

> 当你和孩子谈论他的朋友和他朋友做的一些选择时，你可能听到的答案要么强化了你们的家庭价值观，要么违背了你们的家庭价值观。

把话题转移到其他孩子身上这个办法特别好，因为这样的话即便你表达了自己的观点和态度，也不会让孩子觉得是在说他而感到很大压力，你自己也同样没有什么压力，觉得自己在说教。这么做可以帮助孩子辩证地思考问题并逐渐形成自己的看法，遇事可以做出自己的判断和决定。

不过，你最好提前有个心理准备，那就是当你询问孩子他朋友的事情和为什么他的朋友会做出那些选择时，你很有可能听到截然不同的两种答案，一种符合你们家的做事原则；另一种则不是，甚至正好相反。如果是后一种，你首先要表达对孩子的信任，这非常重要。其次要抓紧机会重申你们家的规矩，并且让孩子知道你相信他在类似情况下一定能做出正面的、负责任的选择。

现在是保持沟通渠道畅通的关键时刻，要坚持跟孩子的对话，关注他们的身体发育状况以及他们现在和未来会做出的选择。

对父母来说，从现在开始最大的挑战是既要帮助孩子建立对自己的认同感，维护他的隐私和自主性，又要持续传递家庭对他的期望和价值观，帮助孩子逐渐学会做出明智而安全的选择，尤其是在关于他们的身体以及与身体相关的各种问题上。要经常提醒自己不要过分紧张，因为这个年龄的孩子应该还不会真正跟人发生性关系，他们只是由于无知和好奇，所以对与性相关的一切有点迷恋而已。他们现在做出的选择更多是受到朋友、某些活动或者偶像的影响，我们必须重视目前这个阶段的原因是,在这个年龄深入孩子心中的印象，会极大地影响他进入青春期后如何看待性。对于任何家庭的父母来说，这都是有些难度的一个阶段，在这之前如果你从未和孩子谈起过性，就会感

觉难上加难。总之，现在跟孩子保持良好的沟通非常关键，要坚持跟孩子在这些话题上的对话，关注他们的身体发育状况以及他们现在和未来会做出的选择。

做他的父母，而不是朋友

你可能会因为担心你和孩子的关系在改变而心情失落，但是现在可不是你和儿子称兄道弟或是做女儿的知心闺蜜的时候。这个年龄的孩子需要父母施以坚定的教导，帮助他们正视和辨别很多模糊的概念，包括与同伴的友谊，他们眼下最需要的应该是你扮演的那个父母的角色。

> 你可能永远不会听到孩子的朋友称赞你："你爸妈真酷啊！"你的穿着打扮本来也不可能赶上他们的时髦，但是，对孩子负责才是你作为合格的父母应该做的选择。

也就是说，你不能把自己放在和孩子或他的朋友们一样的位置，为了跟孩子显得和睦而一味追求表面的和睦，你必须扮演大人的角色，也许显得过时守旧，也许烦人又无趣，但是父母有时候就是这样的角色。你需要比以往更多而不是更少地参与到孩子的生活中：了解他们的朋友是谁，他们在和谁打电话，都上了些什么网站，出门准备去哪里玩等。孩子长大了，他忽然发现外面的确有一个大千世界，但是他不知道他必须要有父母的引导才能确保安全。你可能永远都不会听到孩子的朋友称赞你："你爸妈真酷啊！"更不会因为你的衣着打扮入时或者跟他们脾气相投得到他们的赞美，但是那些并不重要，重要的是要对孩子负责，那才是你作为合格的父母应该做的选择。

跟十来岁的孩子交谈和活动的建议

这词到底什么意思

这个活动的目的是让孩子思考他随口使用的那些词语对别人到底会有什么影响。让孩子把那些他们随意称呼别人的词汇找张纸写下来（比如贱人、懒鬼、弱智等），然后让他自己说明他那么称呼某个人的原因。接下来让他们自己去查字典，看看这些词汇在字典里是怎么解释的，孩子们通常会惊讶地发现这些词和自己所理解的意思完全不是一码事。最后，可以问问孩子，他最讨厌别人叫他什么，为什么？这个活动之后，孩子自然会明白自己之前的胡言乱语有多伤人，应该再也不会这么做了。

尊重别人的权利，学会宽容

这是上一个理解词汇活动的继续，目的是让孩子思考一些偏见背后的原因。让孩子把他知道的刻板印象或者通常人们会有的一些偏见用一句话写出来，比如，一般漂亮的女人都很愚蠢。然后依次来分析讨论，问问孩子他觉得为什么人们会有这样的看法。这么教育孩子并不会解决或者破除这个世界上偏见带来的问题，但是至少会告诉你的孩子要尊重别人的权利，不要对别人指手画脚，为人要宽容。

网络安全条例

你的孩子可能特别喜欢上网，但是放任孩子一个人沉浸在网络上是最危险的事情。如果父母从不监管孩子在网络上都看些什么做些什么，就相当于把孩子直接推到了全世界面前。要知道如今互联网上的信息良莠不齐，很有可能让孩子的生活受到不良影响，受骗上当甚至做坏事。父母对孩子的性教育很大程度上是处于保护孩子的安全和接受正面的性教育。所以青少年应该在处于监管的网络环境下上网，尤其是在他自己的卧室里上网的时候。父母有责任清楚知道孩子的网络浏览记录，知道孩子在网上跟谁聊天，都聊了些什么。

孩子上网的安全须知：

1. 绝不随意向别人透露自己的姓名、地址、电话号码、年龄等个人信息。
2. 如果遇见有人在网上追问这些信息，必须告诉父母。
3. 如果有网友要求私下见面必须告诉父母，必要时可以报警。

了解孩子在学校的情况

学校里应该也会开设生理卫生和性教育的课程，一般是在五年级。了解学校里这类课程都教些什么内容，然后在家里可以跟孩子聊聊课上提及的话题。你的孩子可能会对他们所学到的一些内容有疑问，孩子之间一定不好意思去提问和讨论性病的传播、如何避孕之类的话题，这时候，你就可以帮上忙了！

问与答

问： 我12岁的儿子一直央求我让他看一部有同性恋情节的热门电视节目，我觉得不适合小孩看。我这样做对吗？到底应不应该让他看呢？

答： 这个问题非常有代表性。父母经常纠结于如何过滤那些充斥了性暗示和性情节的影视节目，很多都应该是限制级别的内容。如果你觉得孩子太小根本不能理解那些情节真正的含义，就不如明确说出你的顾虑，告诉孩子你不愿意让他接触有这些内容的影视作品。一定要考虑到你的家庭在性方面的价值观。这本书就是帮助家长如何在泛滥的传媒内容中正确引导孩子。不过，如果你是由于担心孩子看了这个节目后就会变成同性恋的话，那倒大可不必。绝大多数同性恋者都是在异性恋家庭中长大的，他们从小也是观察着自己异性恋父母的幸福生活，但是他们长大后在性取向上仍然选择了同性。其实这个电视节目和其他任何节目一样，可以成为你和儿子谈论性和他即将到来的青春期的跳板，如果你决定让他看的话。这也可以成为给孩子示范尊重他人、宽容人与人之间差异的好机会。

问： 我女儿上6年级，她喜欢和比她大的男孩一起玩。我应该阻止她这么做吗？

答： 与男孩相比，女孩在生理和社交上往往都更早成熟。你可以随便问一个初中的女孩，她最向往高中的什么，她一定会说"真正的男生"。无论女儿跟多大的孩子一起玩，作为父母，都要关注她去哪儿玩、跟谁玩和玩什么。只是关注的方式要温和委婉，让孩子知道你是出于爱她、关心她和想要确保她的安全。这么大的孩子通常都会很肯定地说她可以照顾好她自己，其实她们根本对这个世界了解甚少，并不知道外面的世界里有很多潜在的危险。所以，好好行使你作为父母的权利和责任。给女儿一些限制，务必要在家里规定好孩子可以外出的时间和必须回家的时间，如果违反，就应该接受禁足的惩罚。你要尽量去认识孩子周围来往密切的朋友，也要争取和他们的父母保持着联系。如果你对你了解到的某些迹象感到不安，那么就明确规定女儿和那个让你感到不安的朋友什么时间可以一起玩和能玩些什么。

问: 儿子告诉我,他的一些朋友想要尝试跟谁发生性行为,我应该怎么做或怎么说?

答: 首先,请深呼吸,要尽量显得平静,别表现出很害怕或者惊慌失措。先往好处想想,至少孩子乐意跟你分享目前的生活,表明他希望得到你的建议和帮助,你应该为此感到欣慰。孩子知道向你求助,说明他和你相处有安全感,信任你。不过还是要引起重视,因为他说的不见得是他的朋友,也许是他自己。无论如何,正好可以借此机会了解儿子目前对"性"都知道些什么,也顺便强调你们家在这个问题上的规则。还可以侧面问问孩子,他对朋友想尝试性行为有什么看法。鼓励他对你说出如果是他的话他打算怎么做,在谈论这些的时候强调你相信他能做出正确、安全的选择。如果发现孩子在回答的时候觉得很为难:因为他可能既不想贬低他的朋友,又觉得不能做那些相爱的成年人才能做的事情,疏导宽慰他,帮助孩子释然。但愿儿子主动找你聊起这件事,能让你们以后在这些话题上加强沟通。

问: 我女儿说:"我迫不及待想去高中了,这样我就有机会遇见一些真正的男人。"她长得真快,看起来比她的同伴更早熟。听到这样的话,我应该怎么办?

答: 父母听到这样的话的确会感到担心。孩子这么说可能是对性的向往的一种暗示,但也可能是大人想多了。男孩在生理和社交上通常都显得比较晚熟,所以同龄的女孩在这些方面往往会看不上同龄的男生,喜欢炫耀自己更成熟的优越感。你的女儿也许是想向你表达一下她觉得自己比同龄的男生更成熟,很得意自己对这个世界的认识和看法远远在她的同龄人之上(不论同性还是异性),所以她想去结识跟自己同样成熟的人,那样才能有更多共鸣。好好找她聊聊,看看她究竟是想表达什么,主要是多听听她说些什么,她比同龄人更早熟会有什么样的感受,或者她觉得自己和别人有什么不同。还可以问问她理解的"真正的男人"是指什么样的男人。如果发现她的话的确表达了对性的向往的话,就和她深入地谈谈她是怎么理解"性"的。在这种时候父母需要也应该,参与孩子成长中最重要阶段的方方面面,包括要不断更新和升级的关于性的话题。在这样的过程中,既要考虑到孩子每一阶段的理解能力,也要保证孩子的安全,还要多让孩子思考和表达，好深入了解他们的想法。父母要非常明确地坚持让孩子认识到性行为是成人相爱时的行为。对于孩子来说，确实需要父母不断施以教导才会逐渐真正把这些内化成自己心中的准则。

为深入的话题做好准备

你可能已经注意到，我们在本章对问题的回答比前几章要长得多。这并非巧合。从发展的角度来看，和大一点的孩子聊到这些话题时，父母应该更多的时间在倾听，从孩子们日益复杂的表述中去耐心鉴别揣度他们的表述背后隐含的真正意思。9~12岁大的孩子已经有了自己的主张，想跟他们讨论起关于性别、性以及性行为之类主题的谈话会变得比以前难度大很多，这就需要掌握跟孩子谈话的技巧，在这之前，父母应该好好做功课，以便跟孩子的对话更深入。

9~12岁的孩子应该了解什么

本章给父母提供了9~12岁孩子对他的身体应该了解些什么，以及了解到什么程度的参照，还提供了对性行为的生理性和社会性方面的理解的一些参考。对这个年龄的孩子来说，性就意味着性行为和一切与之相关的事情。

- 孩子的理解能力逐渐增强，能够从生物学角度理解关于生育过程和性关系的更多具体细节。
- 在学校里他们也开始接受有关性教育的课程。
- 他会更愿意去寻求朋友们的建议和帮助，而不是父母的。但是，父母仍然需要主动发挥作用，认真倾听孩子的提问，积极回答他的问题，并及时纠正他从外面得来的错误信息。
- 他仍然指望你来示范适当的行为，特别是那些关于尊重、宽容和接受差异的行为。
- 随着青春期的临近，他独处的时间会越来越长，想要保有更多的隐私。
- 孩子需要父母提供生理保健和个人卫生方面的常识和相关指导。

- 这么大的孩子随时随地都在发生着变化,父母应该悉心观察和随时给予帮助支持。
- 他也可能开始准备跟某个女孩约会,或是不断提到有关约会的话题,但约会的开始和结束都没有什么明显迹象。
- 第一次暗恋大概会发生在这个年龄,他可能也会被"暗恋"。
- 他可能更愿意谈论他朋友的困惑和挣扎,而对自己却只字不谈。

Chapter 5

第五章

有问必答

你正在厨房忙着准备晚餐,孩子们一边七嘴八舌地争论着什么,一边抢着告诉你今天在学校里发生的事情。10岁的女儿蜷在餐椅上做数学作业,忽然她抬起头问:"妈妈,什么是口交?"

一瞬间仿佛空气都静止了,孩子们也安静下来,三双眼睛期待地盯着似乎变得呼吸困难的你。你听着时钟滴答滴答地走着,看着锅里的意大利面酱咕嘟咕嘟地冒着泡,你窘迫到恨不能地板上有条缝可以钻进去。你还是结结巴巴地回答了些什么晚点再给她解释的话,然后迅速转身张罗大家吃饭,安顿好孩子们的晚餐,你又一头扎进卧室去收拾。你一边忙碌着一边在脑子里疯狂地挣扎到底该怎么办,到底"晚点"能晚到什么时候,到时候又该怎么跟女儿解释?

本章都在讲什么

本章一定可以帮助你脱离上面描述的窘境,其中包含了孩子们五花八门的提问,从"卫生棉条是干什么用的"到"为什么我的阴茎变硬了",你可以借助书中提供的常识和事实很自然地同孩子讨论这类问题。在这个过程中,父母要随时提醒自己,无论孩子提出什么问题,出发点都是他们渴望理解自己生活的世界,想知道一切事实而已。性、爱情、性别和生理等方面令孩子困惑的问题,都是父母引导和教育孩子最好的切入点,要尽量耐心地给予正确的解答。

如果孩子提出的问题恰好是你也不太了解的,或者让你觉得非常尴尬的,你完全可以承认你也不知道或者坦诚地作出回应。你当然有权利去保护自己的隐私空间,即便是面对自己的孩子,也没必要把父母私生活方面的细节彻底暴露给孩子。要记住,孩子们不断提出各种问题,只是因为他们对这个世界和自己的身体比较好奇,想多知道一些而已,绝对不是有意让父母感觉局促和尴尬。

有的放矢地回答孩子的问题

有个很重要的事情你一定要时刻提醒自己,其实,有时候孩子们想问的和你打算回答的内容可能相去甚远。比如,当3岁的女儿问你:"宝宝是从哪儿来的?"她其实只是想知道自己是在哪儿出生的,希望知道哪家医院而已,结果却听到了一个关于"精子遇到卵子,然后生出了宝宝"这般复杂的故事。所以在你打算开始回答问题前,最好先搞清楚孩子到底想知道什么。

> 搞清楚孩子提问的来龙去脉,你才知道该如何准确作答。

当女儿问你什么是"口交"时,先别紧张,问清楚孩子想知道什么和为什么问这个问题,你完全可以反问回去:"哦,你怎么想起来问这个了?"她的回答应该能帮助你了解关于这个问题她大概知道些什么和她还想知道什么。你可能发现,她只是在书上看听到过这个词,并不是真的对某个性交的姿势感兴趣。 搞清楚提问的来龙去脉,你才知道该如何准确作答。

我不知道如何回答这些问题

不必因为孩子提出让人难以作答的问题而感到过度焦虑。还是重复那个原则：记住他们的出发点仅仅是对这个世界和自己比较好奇，想多知道一些而已。给你一些有用的提示，等你碰到类似的觉得不知所措的情况时可以灵活运用：

1. 不论你的孩子提出多么让人难堪的问题，都要坚信孩子只是出于无知好奇，他并无意冒犯你。

2. 学习积极地倾听孩子的问题，开始回答问题前可以做个深呼吸平复自己，然后不带任何成见、态度温和地问清楚孩子为什么这么问和想知道什么，鼓励和表扬孩子遇到问题来找父母提问。记住在这时候你需要做的是帮助孩子获得关于这个世界的正确认知，并安全健康地成长。

> 3. 用诚恳、坦率的方式和孩子交流。这样孩子即便有各种难以启齿的问题时也会第一时间想到向你求助,因为很有安全感,没有顾虑,想问就问了。

婴儿是从哪里来的,是妈妈拉出来的吗?

孩子问这样的问题说明他想听到具体的答案。孩子就是很想知道小婴儿到底是怎么从妈妈身体里生出来的,想听到一个合乎逻辑的答案。那就提供实事求是、符合生物学逻辑的答案。告诉他婴儿会在妈妈身体里长大,到了该出生的时候就会顺着妈妈身体中一条叫作阴道的通道生出来。

可以这么解释:

妈妈身体里有一个特殊的通道叫阴道,那就是为怀孕和生宝宝准备的。通常婴儿出生有两个办法:一是妈妈自己用力把婴儿从阴道生出来;二是医生帮忙在妈妈的肚子上开一个很小的口，轻轻地取出婴儿，叫作剖宫产。

什么是性？

这可是父母听到之后都觉得需要斟酌半天的大难题。其实很简单，先弄清楚你的孩子在问什么，他究竟想知道什么？你的小宝贝也许只是从哪儿听到了这个词随便问了一句，大点的孩子这么问也许是因为学校里刚开了生理卫生课，在讲生殖过程。记住，只要回答孩子能听懂的，和他们的认知水平一致的答案就可以了。你需要做的是，弄明白孩子究竟在问什么，然后坦率的直接回答你知道的生理常识。

可以这么解释：

性有很多不同方面的意思。可以指男孩和女孩身体结构的不同，也可以指人类如何生育婴儿，还可以是成年人用身体表达相互之间爱意的方式。你到底想了解哪方面呢？

能让我看看阴茎放进你身体的哪儿了吗？我能看看我是从哪儿生出来的吗？

孩子提出想看你的隐私部位并不稀奇，他们只是想了解自己的身体结构，想知道性别到底意味着什么，还有那个很神秘的性。可以提醒这个好奇的小家伙，他的身体是他自己的，妈妈的身体是妈妈自己的，既然他都知道隐私部位是不能给别人看的，那妈妈的隐私部位也不能给他看。不过可以选一本讲身体结构和婴儿分娩过程的书，运用书中的配图给孩子讲解，顺便解答他提出的那些问题。需要父母们注意的是，其实在孩子们生活的周围，经常有大量会误导孩子的错误信息。要学会好好利用孩子提问的机会，教导孩子认同家里在性教育方面的价值观，尽量传递给孩子科学的生理常识，培养孩子养成基本的鉴别能力。

可以这么解释：

我的身体我自己说了算，你的身体你自己说了算。阴道是我的隐私，我不打算给你看。我们一起看这本书吧，书里就能看到男人的阴茎放进女人的阴道哪里，然后就有了婴儿，还能看看婴儿到底是怎么出生的，好吗？

你什么时候"造"的我？

花点时间，耐心地多问几个问题，弄清楚孩子究竟在问什么。不要想当然地认为孩子只是想要了解他出生的时间，他其实可能更想知道的是婴儿是怎么"造"出来的。所以，和他一起探索他到底想知道什么，一定让他知道你很乐意回答他的这些问题。他也许是想知道"性交"的过程，和婴儿是如何产生的，或者是想了解你是怎么怀孕9个多月然后把他生出来的。不管怎样，回答孩子的提问时都应该让他感受到你会随时欢迎并乐意回答他的问题。你应该成为孩子在这方面最好的老师，也需要不断加强孩子在这些事情上对你的信赖，所以一定别回避和敷衍孩子的任何问题，这样，以后就算他长大了，还是愿意把你当成最可靠的支持。

可以这样解释：

真是很高兴你问妈妈这个问题，爸爸妈妈是在你出生前9个月左右"造"的你。小婴儿会在妈妈的肚子里生长近10个月，所以，我们就能算出来你可能会在什么时间出生了。

你会在什么时候做爱？

尽管这个问题让你窒息，但是孩子通常都会有这个疑问。

你可以解释这是你的隐私，所以你不想回答。也可以用一种实事求是的方式适度地回答。事实上，孩子只是想知道人们为什么会做爱，而不是向你打听关于做爱的具体过程。遇到孩子提这个问题时，你应该告诉孩子性爱是成年人的行为，是成年人之间表达爱的方式，也是想要宝宝的时候要做的事。

可以这样解释：

成年人会在他们想要孩子的时候做爱，或是彼此表达爱意的时候做爱。

要到多大才能生小孩呢？我现在可以生一个吗？

你要弄清楚女儿提这样的问题到底想问什么。也许她确实是想要一个真的小孩，因为有时候洋娃娃的确不能满足女孩子们的需求。你可以给孩子讲讲生育宝宝的过程，正好借机让她了解生育、性爱都是成人年人的行为，只有等她长大了才有可能做妈妈。如果有可能的话，也可以和孩子提及避孕的概念。

可以这样解释：

女孩长大成人以后才可以生小孩。怎么就算长大了呢？

女孩有了月经的时候，就表明她的身体已经做好准备，生理上已经有生小孩的能力了。

你在哪里做爱？

这个问题让你血压升高了吗？记住，就当你的孩子这么问仅仅是出于无知，他们只是想知道这件事是怎么回事而已，而且你应该为此感到荣幸，因为孩子问你这样的问题说明他信任你，不然他完全可以去问同学或者其他人，想象一下你儿子去问别人这样的问题，天知道会发生什么！这个问题，和之前的那些问题很相似，正好可以借机告诉孩子什么是隐私。

不要为此责备孩子，而是应该从此开始帮助孩子建立保护身体隐私的意识（像从小就告诉孩子去洗手间要关门一样），可以告诉孩子大人会在很私人的空间做爱，用来表达成人之间对彼此的爱意。

可以这样解释：

大人在隐私的地方做爱，用来表达成人之间的爱意。

为什么我的阴茎会变硬，什么时候才会软呢？

两岁的男孩子就会告诉你他的阴茎不知道为什么竖起来了。想象一下，他不知道自己的身体怎么会这样的时候，肯定觉得十分奇怪！理解孩子提出这种问题的好奇心，也正好利用这个机会给他讲讲男孩的一些生理特征：所有的男性阴茎都会勃起，是因为血液流向阴茎引起的；说服孩子接受这种生理反应是正常的，不必因为在学校上课的时候发现自己的阴茎突然勃起而感到无地自容。教给儿子一些办法去应对在不合适的场合阴茎自然勃起的状况。如果他担心由此招致嘲笑或者引起尴尬，尽量帮助他释然，平时尽量给孩子穿宽松的内裤也是个好办法。

可以这样解释：

阴茎变硬叫勃起，它是由血液流入阴茎而引起的。勃起说明男孩的身体正在变得成熟，为长大以后制造宝宝做好准备。

射精是什么意思？

这个问题跟前面的一些问题很相似，都是孩子不知道从哪儿听到了这样的一个词,就很想知道这个词什么意思。其实在回答这样的问题时可以不必局限在生理常识的解答,可以的话再多讲点,让孩子更好地认清他朋友中的"性"专家对于这类词汇的胡乱演绎。所以,回答这个问题时可以根据孩子的年龄和理解能力,除了从生理常识的角度解释射精这个词的含义之外,还可以提到射精在孕育婴儿过程中的作用。

可以这样解释:

射精就是精子从阴茎中释放出来的过程,这样精子才可能遇到卵子形成受精卵,然后待在妈妈肚子里长成宝宝。

孩子问各种关于性交的说法,想知道是什么意思,怎么办?

跟前面的问题一样,这些问题是父母帮助孩子理解这个世界并且帮助他们形成一些自己看法的机会。要意识到你的孩子正在努力理解这个世界以及他们听到的与性有关的词汇和短语而已。父母应该帮助孩子学会选择使用一些你认为合适的表达方式。此外,如果你自己平时说话特别随便,经常会说一些脏话,就别指望你的孩子会克制自己不使用这些词。记住,你希望孩子表现出什么样的行为,你就要做什么样的榜样。

可以这样解释:

这些词就是"性交"的意思,但是使用这些词是很不礼貌的,在我们家不允许使用。

什么是同性恋?

记住,在回答这个问题的时候要注意尊重和保护孩子的好奇心,不要简单粗暴地打发他们。只有孩子乐意向你提问,你才能有机会了解他,才能帮助他理解周围的世界。回答这个问题,也是让孩子学会理解和接受人与人之间差异的机会。你可以解释得具体些。

可以这样解释:

同性恋就是两个一样性别的人相爱,男人跟男人相爱,女人跟女人相爱。

"小鸡鸡"是什么意思，为什么阴茎有这么多叫法呀？

告诉孩子阴茎的确有多种叫法，"小鸡鸡"就是其中之一。鼓励孩子使用自己家庭所接受的用词，让他知道，有些叫法是粗俗、不礼貌的。这个问题正好用来加强孩子对适当言谈举止的学习和规范。

可以这样解释：

阴茎有很多其他的叫法，"小鸡鸡"就是其中之一，但是阴茎是最恰当的表达。

如果别人的阴茎碰到你的腿，你会怀孕吗？

这样的问题同样表明孩子试图去理解关于性的问题。从生物学的角度讲讲怎么样才能怀孕生宝宝。

可以这样解释：

女性身体里的卵子遇到了男性阴茎射出的精子，女性才会怀孕。阴茎只有进入女人的身体释放精子才能让卵子受精。

如果只是碰到你的腿，当然不可能怀孕。

怎么才能知道我已经可以生宝宝了呢？

你可以先反问她，为什么对这件事感到好奇？也许孩子只是想知道一个人如何判断自己是不是怀孕了。回忆一下我们前面章节提醒你的，做一个积极的倾听者，辅以温和的提问，先弄清楚孩子到底想知道什么。如果孩子提问，你按自己的理解马上回答他们，有时会发现孩子看上去更困惑了，因为他想知道的和你回答的根本就不是一个问题。

可以这样解释：

女性如果要想生宝宝，首先得长到足够大，有了月经，然后还要跟她爱的男性有性交的行为。之后，如果月经没有按时来，可能就是怀孕了，当然怀孕后还会有其他一些生理迹象，等你长大自己经历的时候就知道了。

什么是月经？

还是要先问清楚为什么孩子会问这个问题。是你的女儿怀疑自己已经进入了青春期？还是你的儿子在生理健康课上听老师提起这个词？弄清楚原因有助于你更准确地回答孩子真正关心的方面。不过无论怎样，都从生物学角度解释就可以了。

可以这样解释：

月经就是女性每个月一次的生理周期，为女性可能怀孕做的身体准备。每个月女性的卵巢会产生一个卵子。如果卵子没有受精，那么子宫内膜就会脱落，随着血液一起经由阴道排出体外，这个周期性的现象就是月经。

我什么时候会来月经？

大多数女孩会在11岁左右来月经，但是个体差异决定了有些女孩子9岁就开始有月经了，有些女孩却要到十四五岁才会有第一次月经。在这个年龄段的女孩很有可能因为不知何时会来月经而感到焦虑，你需要做的就是给她科普一些生理常识来缓解她的心情。可以在孩子初潮之前和她讨论如何使用卫生巾或卫生棉条，帮助她心理上放轻松，也做好迎接初潮的实际准备。如果她愿意，和她一起去买第一次月经来潮时需要用到的卫生巾；如果她不愿意，你也可以悄悄帮她准备。让孩子了解其实每个这么大的女孩都想知道"我到底什么时候来月经",而且学校的医务室老师那里应该都备有卫生巾,所以就算万一在学校里来了月经,也没有关系。

可以这样解释:

大多数女孩会在 11 岁左右来月经。由于个体差异,有些女孩可能 9 岁左右就会来,而有些女孩子可能会晚些,要等到十四五岁才来第一次月经。

卫生棉条是干什么的?

小孩子更容易通过具体的学习掌握常识。可以给孩子看看什么是卫生棉条,通过解释它的用途,正好可以帮助她理解月经,还有月经意味着女性的身体已经准备好受孕的知识。

可以这样解释:

除了怀孕的时候,女性每个月都会来月经。也就是说,排卵后如果卵子没有受精,子宫不需要孕育宝宝,就会把旧的子宫内膜脱落下来,脱落的黏膜和血液一起从阴道排出体外。卫生巾可以粘在内裤上帮助吸收这几天的出血,而卫生棉条可以放置在体内吸收阴道的出血，卫生巾和卫生棉条在月经期间使用时都需要按时更换。

为什么男孩没有月经？

这是一个男孩和女孩都会经常问到的问题。你可能会惊讶地发现，原来在学校开设生理卫生课之前，不管男孩还是女孩竟然有不少人相信男女都会来月经！本书后面附带的人体结构图就可以帮助你解释清楚相关的生理常识。

可以这样解释:

只有女性才有子宫这个器官，是用来孕育宝宝的，如果不孕育宝宝的时候，每个月会有月经。男性没有子宫，所以不会有月经。

为什么男孩不能生孩子？

这又是一个帮助你的孩子理解奇妙的解剖学世界的好机会。请参考本书最后附带的人体结构图，帮助孩子了解男性和女性的身体结构有哪些不同之处。

可以这样解释：

只有女性的身体才有子宫这个器官，就是宝宝长大的地方。男性只是帮助女性怀孕，本身没有子宫，所以不能怀孕生孩子。

什么是避孕？

如果你被孩子问到这样的问题，可以根据你家庭的信仰来提供合适的回答，但是请尽可能坦率地告诉孩子事实。

可以这样解释：

避孕就是在成年人发生性行为但并不想要有宝宝的时候采取的避免怀孕的方式。避孕药或是避孕套都可以避免怀上宝宝，除此之外，还有其他的避孕方法。

避孕套是干什么的？我觉得像个气球。什么是安全的性行为？什么是性传播疾病？

有多少父母认为他们必须坐下来告诉孩子性行为有潜在的致命风险？尽管有节制的性行为肯定是避免怀孕和避免传染性病的可靠方法，但我们仍然鼓励父母给孩子解释这些概念的时候尽量具体。我们相信最根本的安全一定是来源于正确的性知识和性常识，尽量详尽地把你知道的正确信息都告诉孩子。我们也强烈建议你随时和孩子的学校保持沟通，了解孩子在学校的生理卫生课上学习了哪些内容，这样在家里你也会很清楚应该配合学校的学习做哪些解释和引导。

可以这样解释：

避孕套（俗称橡胶套）是用来避孕的乳胶套，像气球一样，可以把阴茎放进去。当成年人想发生性行为但又不想要孩子，或者为了避免传染某些疾病的时候，会使用避孕套。有些疾病是通过接触人体的体液发生传染的，而精液就是一种体液。当人们说到安全的性行为时，就是指预防和避免通过性行为传播疾病，避孕套就是阻断传染的一种方法。

附录

男性生殖系统结构图

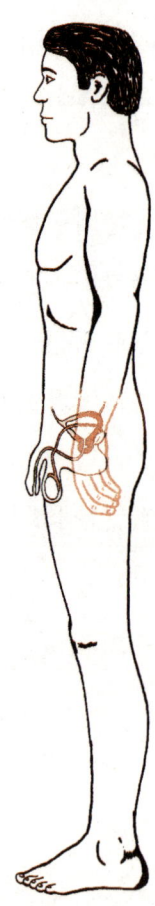

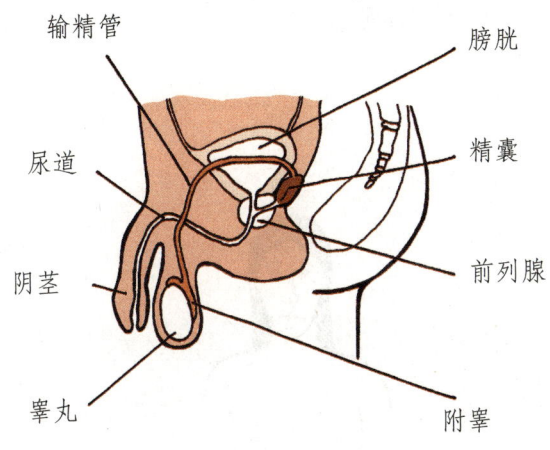

左　侧：输精管、尿道、阴茎、睾丸

右　侧：膀胱、精囊、前列腺、附睾

附　睾：从睾丸输送精子到输精管的管状通道。

前列腺：前列腺分泌稀薄的牛奶一样的液体，是精液的一部分。

精　囊：储存精子并产生黏液与精子结合产生精液的腺体。

睾　丸：产生精子(男性生殖细胞)和男性性激素睾丸素的腺体。

　　　　睾丸被阴囊所覆盖，阴囊后面和下面是一个皮肤袋。

尿　道：既从膀胱排送尿液，也是睾丸精液的输出管道。膀胱底部的瓣膜会控制尿液和精液不会同时排出。

输精管：将精子运送到精囊和前列腺的细长管道。

女性生殖系统结构图

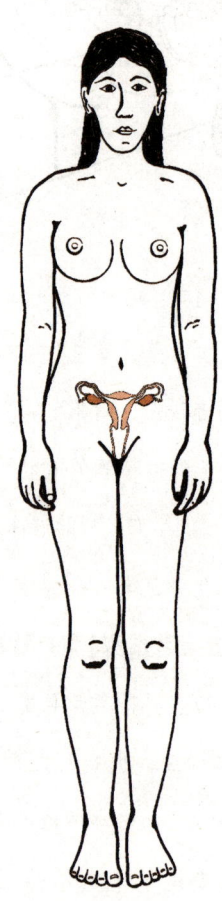

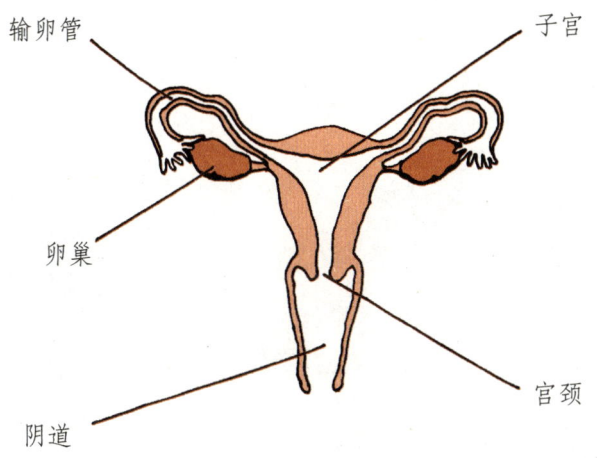

左　　侧：输卵管、卵巢、阴道

右　　侧：子宫、宫颈

宫　　颈：连通子宫和阴道。

输卵管：从卵巢输送卵子去子宫的狭窄管道,左右各有一条。

卵　　巢：卵巢是女性的性腺器官,分泌雌激素和黄体酮,同时产生卵子。在女性的骨盆两侧各有一个卵巢。

子　　宫：女性独有的一个中空的肌肉发达的脏器,帮助形成月经和孕育胎儿。

阴　　道：从身体外部通向宫颈的通道,宫颈是子宫的开口。